世界武器鉴赏系列

U0275102

全球火炮

鉴赏指南 （珍藏版）

（第2版）

《深度军事》编委会 编著

清华大学出版社
北京

内 容 简 介

本书精心选取了自二战至今各国的经典火炮，涵盖了榴弹炮、迫击炮、火箭炮、反坦克炮、防空火炮以及舰炮等不同种类的近百种火炮。为了增强阅读趣味性，并帮助读者更深刻地了解各国火炮，本书每种火炮的介绍分为研发历史、武器构造、性能解析、衍生型号、服役记录和 10 秒速识等多个板块，并详细罗列了各项参数。

本书内容结构严谨、分析讲解透彻，而且图片精美丰富，适合广大军事爱好者阅读和收藏，也可以作为广大青少年的科普读物。

图书在版编目 (CIP) 数据

全球火炮鉴赏指南 (珍藏版)/《深度军事》编委会编著 . —2 版 . —北京：清华大学出版社，2018 （2023.12 重印）

(世界武器鉴赏系列)

ISBN 978-7-302-50957-8

Ⅰ . ①全… Ⅱ . ①深… Ⅲ . ①火炮—世界—指南 Ⅳ . ① E924-62

中国版本图书馆 CIP 数据核字 (2018) 第 190313 号

责任编辑：李玉萍
封面设计：郑国强
责任校对：张彦彬
责任印制：丛怀宇

出版发行：清华大学出版社

网　　　址：https://www.tup.com.cn，https://www.wqxuetang.com
地　　　址：北京清华大学学研大厦 A 座　　　邮　　编：100084
社 总 机：010-83470000　　　邮　　购：010-62786544
投稿与读者服务：010-62776969，c-service@tup.tsinghua.edu.cn
质 量 反 馈：010-62772015，zhiliang@tup.tsinghua.edu.cn

印 装 者：小森印刷（北京）有限公司
经　　　销：全国新华书店
开　　　本：146mm×210mm　　　　　　　印　　张：11.5
版　　　次：2016 年 12 月第 1 版　2018 年 9 月第 2 版　印　　次：2023 年 12 月第 6 次印刷
定　　　价：57.00 元

产品编号：076426-01

丛书序

FOREWORD

　　国无防不立，民无防不安。一个国家、一个民族，最重要的两件大事就是发展和安全。国防是人类社会发展与安全需要的产物，是关系到国家和民族生死存亡的根本大计。军事图书作为学习军事知识、了解世界各国军事实力的绝佳途径，对提高国民的国防观念、加强青少年的军事素养有着重要意义。

　　与其他军事强国相比，我国的军事图书在写作和制作水平上还存在许多不足。以全球权威军事刊物《简氏防务周刊》（英国）为例，其信息分析在西方媒体和政府中一直被视为权威，其数据库广泛被各国政府和情报机构购买。而由于种种原因，我国的军事图书在专业性、全面性和影响力等方面都还有明显不足。

　　为了给军事爱好者提供一套全面而专业的武器参考资料，并为广大青少年提供一套有趣、易懂的军事入门级读物，我们精心推出了"世界武器鉴赏系列"图书，内容涵盖现代飞机、现代战机、早期战机、现代舰船、单兵武器、特战装备、世界名枪、世界手枪、美国海军武器、二战尖端武器、坦克与装甲车等。

　　本系列图书由国内资深军事研究团队编写，力求内容的全面性、专业性和趣味性。我们在吸收国外同类图书优点的同时，还加入了一些独特的表现手法，努力做到化繁为简、图文并茂，以符合国内读者的阅读习惯。

　　本系列图书内容丰富、结构合理，在带领读者熟悉武器历史的同时，还可以提纲挈领地了解各种武器的作战性能。在武器的相关参数上，我们参考了武器制造商官方网站的公开数据，以及国外的权威军事文档，做到有理有据。每本图书都配有大量的精美图片，配合别出心裁的排版，具备较高的欣赏和收藏价值。

火炮是陆军的重要组成部分和主要火力突击力量，具有强大的火力、较远的射程、良好的精度和较高的机动能力，能集中、突然、连续地对地面和水面目标实施火力打击。二战以来，科学技术的飞速进步，特别是微电子、计算机、光电子和新材料等技术的发展，使火炮在设计、制造和使用方面有了一系列变化，大大加快了火炮更新换代的步伐。得益于火炮的强大火力，炮兵在历史上素有"战争之神"的称号。除了陆军，火炮在海军和空军的应用也非常广泛。

在 21 世纪的现代立体化战争中，火力仍然是战斗力的核心。作为战场上的火力骨干，火炮已成为战斗行动的主要内容和左右战场形势的重要因素。在现代兵器的大家族里，火炮并不是生产最难、造价最高、威力最大的，但无疑是历史最悠久，作用最大的武器之一。

本书精心选取了二战至今各国的经典火炮，涵盖了榴弹炮、迫击炮、火箭炮、反坦克炮、防空火炮以及舰炮等不同种类的近百种火炮。为了增强阅读趣味性，并帮助读者更深刻地了解各国火炮，本书把每种火炮的介绍分为研发历史、武器构造、性能解析、衍生型号、服役记录和 10 秒速识等多个板块，并详细罗列了各项参数。

本书紧扣军事专业知识，不仅带领读者熟悉武器历史，而且可以了解武器的作战性能，特别适合作为广大军事爱好者的参考资料和青少年朋友的入门读物。全书共分为7章，内容全面，并配有丰富而精美的图片。

本书是真正面向军事爱好者的基础图书。全书由资深军事团队编写，力求内容的全面性、趣味性和观赏性。全书内容丰富、结构合理，关于武器的相关参数还参考了制造商官方网站的公开数据，以及国外的权威军事文档。

本书由《深度军事》编委会创作，参与本书编写的人员有杨淼淼、阳晓瑜、陈利华、高丽秋、龚川、何海涛、贺强、胡姝婷、黄启华、黎安芝、黎琪、黎绍文、卢刚、罗于华等。对于广大资深军事爱好者，以及有意掌握国防军事知识的青少年，本书不失为最有价值的科普读物。希望读者朋友们能够通过阅读本书循序渐进地提高自己的军事素养。

本书赠送的图片及其他资源均以二维码形式提供，读者可以使用手机扫描下面的二维码下载并观看。

目 录
CONTENTS

Chapter 01

火炮漫谈

　　火炮作为现代军事武器中无比重要的一环，在现代和近代战争中有着不可取代的地位。在二战中，死于炮口下的人数甚至比死于枪口下的人数更多。火炮常常会左右一次战役甚至整个战争的胜负，被誉为"战争之神"。

火炮的发展历程

　　最早的炮就是抛石机，该武器曾被称作"军中第一攻击利器"，从作战形式上来看，它完全可以被认作是火炮的鼻祖。相传抛石机发明于我国周代，当时叫作"抛车"。春秋时期，抛石机已经被应用于战事。抛石机在古代是一种攻守城池的有力武器，用它可抛掷大块石头砸坏敌方城墙和兵器；而越过城墙进入城内的石弹可杀伤守城的敌兵，具有相当大的威力。这种抛石机除了抛掷石块外，还可以抛掷圆木、金属等其他重物，或用绳、棉线等蘸上油料裹在石头上，点燃后发向敌营，烧杀敌人。公元10世纪火药开始用于军事后，抛石机便开始用来抛射火药包、火药弹。宋代在12世纪30年代出现了以巨竹为筒的管形喷射火器——火枪。13世纪50年代，又出现了竹制管形射击火器——突火枪。这种身管射击火器的出现，对近代火炮的产生具有重要意义。

现代仿制的抛石机

　　火器出现后，抛石机并没有立即从战争中消失，人们还利用它"力气"

大的特长，用来抛射燃烧弹和爆炸弹。但早期的抛石机有一个很大的缺点，它必须在敌人阵地前埋设，操作人员在敌人的弓箭射程内施工，容易导致伤亡。为了解决这个问题，一种带轮子的抛石机应运而生。公元200年，曹操在官渡讨伐袁绍时（即历史上的官渡之战），在抛石机的下面装了4个轮子，称作霹雳车，也叫作发石车。这种发石车可以在作坊里制成，不需临阵架设。

元代出现的火铳

中国的火药和火器传到西方国家以后，火炮便在欧洲开始迅速发展。14世纪上半叶，欧洲开始制造出发射石弹的火炮；16世纪前期，意大利人尼科洛·塔尔塔利亚发现炮弹在真空中以45度射角发射时射程最大的规律，为炮兵学的理论研究奠定了基础；16世纪中叶，欧洲出现了口径较小的青铜长管炮和熟铁锻成的长管炮，代替了以前的臼炮（一种大口径短管炮），还采用了前车，便于快速行动和通过起伏地；16世纪末，出现了将子弹或金属碎片装在铁筒内制成的霰弹，用于杀伤对方人马；1600年前后，一些国家开始用药包式弹药，提高了发射速度和射击精度；17世纪，伽利略的弹道抛物线理论和牛顿对空气阻力的研究，推动了火炮的发展；瑞典王古斯塔夫二世在位期间（1611—1632年），采取减轻火炮重量和使火炮标准化的办法，提高了火炮的机动性；1697 年，欧洲人使用装满火药的管子代替点火孔内的散装火药，简化了瞄准和装填过程。

到了 17 世纪末，欧洲大多数国家都使用了榴弹炮。18 世纪中叶，普鲁士王弗里德里希二世和法国炮兵总监格里博沃尔曾致力于提高火炮的机动性和推动火炮的标准化。英、法等国经多次试验，统一了火炮口径，使火炮各部分的金属重量比例更为恰当，还出现了用来测定炮弹初速的弹道摆锤。

从火炮出现到 19 世纪中叶以前，大炮一般是滑膛前装炮，发射实心球弹，部分火炮发射球形爆炸弹、霰弹和榴霰弹。最初的线膛炮是直膛线的，主要目的是前装弹丸方便。这种火炮发射速度慢，射击精度低，射程近。为了增大火炮射程，19 纪初欧洲各国积累了线膛炮的试验。1846 年，意大利 G. 卡瓦利少校制成了螺旋线膛炮，发射锥头柱体长形爆炸弹。螺旋膛线使弹丸旋转，飞行稳定，提高了火炮威力和射击精度，增大了火炮射程。在线膛炮出现的同时，炮闩得到了改善，火炮实现了后装，发射速度明显提高。

19 世纪末期，出现了反后坐装置，炮身通过它与炮架相连接，这种火炮的炮架被称为弹性炮架。1897 年，法国制造了安装有反后坐装置（水压气体式驻退复进机）的 75 毫米野炮，后为各国所效仿。弹性炮架火炮发射时，因反后坐装置的缓冲，作用在炮架上的力大为减小，火炮重量得以减轻，发射时火炮不致移位，发射速度得到提高。之后西方各国相继采用缠丝炮身、筒紧炮身、强度较高的炮钢和无烟火药，提高了火炮性能。采用猛炸药和复合引信，增大弹丸重量，提高了榴弹的破片杀伤力。20 世纪初，一般 75 毫米野炮射程为 6500 米，105 毫米榴弹炮射程为 6000 米，150 毫米榴弹炮射程为 7000 米，150 毫米加农炮射程为 10000 米，火炮还广泛采用了周视瞄准镜、测角器和引信装定机。

在一战中使用最广泛的几种炮分别是迫击炮、小口径平射炮和高射炮，前两种主要用来对付地面隐蔽目标和机枪阵地，第三种主要用于对付空中目标。与此同时，飞机上也开始装设航空炮。随着坦克的使用，又出现了坦克炮。当时交战国除了大量使用中小口径火炮外，还重视大口径远射程火炮的发展。一般采用的有 203 ～ 280 毫米榴弹炮和 220 ～ 240 毫米加农炮。仅仅在凡尔登战役中，双方发射的炮弹便有 4000 余万发，可见炮战的激烈程度。

法国军队在普法战争中使用的火炮

　　二战的欧洲大陆是炮兵和装甲兵的竞技场，火炮技术日趋成熟，种类也非常齐全，包括榴弹炮、加农炮、迫击炮、火箭炮、滑膛炮、线膛炮等大量炮种。二战时期装甲技术的大规模运用，大大削弱了传统枪械的作用。不论是防空、反坦克，还是杀伤兵员，火炮都成为最佳选择。

二战时期美军使用的榴弹炮

美国士兵在战争中使用的迫击炮

　　二战后，随着火炮相关技术的飞跃性发展，现代火炮技术已经非常成熟，不论是在精确性，还是可靠性上都和二战时期不可同日而语，现代火炮的炮弹由于采用了强度更高的弹壳和威力更大的炸药，杀伤力大大增强。由于制作工艺和弹道计算机的出现，火炮可以达到在数十千米外击中只有几平方米大小的物体，而且射程也随着火药和冶炼技术的发展而增加。

　　进入 21 世纪，一些传统的火炮已经逐渐退出历史舞台，例如无后坐力炮、加农炮等。即便少数国家有所装备，也不再是主流。榴弹炮、火箭炮及迫击炮等则成为当今世界各国陆军的主力炮种。

美国炮兵使用的 M777 榴弹炮

经过伪装后的现代火炮

 火炮的定义和构造

　　火炮是指利用火药燃气压力等能量抛射弹丸，口径不小于 20 毫米（美国为 16.7 毫米）的身管射击武器。

　　火炮通常由炮身和炮架两大部分组成。炮身部分由身管、炮尾、炮闩和炮口制退器组成。身管用来赋予弹丸初速和飞行方向，并使弹丸旋转（滑膛炮的弹丸一般不旋转）；炮尾用来装填炮弹；炮闩用以关闭炮膛，击发炮弹和抽出发射后的药筒。炮架由反后坐装置、方向机、高低机、瞄准装置、大架和运动体等组成。反后坐装置包括驻退机和复进机，驻退机用来消耗炮身后坐能量，使炮身后坐至一定距离而停止；复进机用来在炮身后坐时贮蓄能量，后坐终止时使炮身复进到原来的位置，这两个装置可以保证火炮发射炮弹后的复位。方向机和高低机用来操纵炮身变换方向和高低。瞄准装置由瞄准具和瞄准镜组成，用以装定火炮射击数据，实施瞄准射击。大架和运动体用于射击时支撑火炮，行军时作为炮车。

　　现代火炮大都采用半自动炮闩，有的采用自动炮闩。炮口制退器用来减少炮身后坐能量。发射时，安装在炮闩内的击针撞击炮弹底火，点燃发射药。发射药燃烧产生大量的燃气，推动弹丸以极大的加速度沿炮膛向前运动。弹丸离开炮口瞬间获得最大速度，之后沿着一定的弹道飞向目标。燃气推动弹丸向前运动的同时推动炮身后坐。

美国 M1 牵引式榴弹炮

AS-90 自行火炮参与作战任务

火炮的分类

榴弹炮

　　榴弹炮是一种身管较短，弹道比较弯曲，适合于打击隐蔽目标和地面目标的野战炮，是地面炮兵的主要炮种之一。榴弹炮按机动方式可分为牵引式和自行式两种，榴弹炮可以配用燃烧弹、榴弹、杀伤子母弹、碎甲弹、制导弹、增程弹、照明弹、发烟弹、宣传弹等多种弹药，采用改变装药改变弹道可在较大纵深内实施火力机动。西方国家的榴弹炮口径主要有 105 毫米、155 毫米、203 毫米。俄罗斯及原华约国家的榴弹炮口径主要有 122 毫米、152 毫米、203 毫米。

德国 FH70 牵引式榴弹炮

美国 M109 自行榴弹炮

░░░░▷★迫击炮

迫击炮是一种炮身短、射角大，弹道弧线高，以座钣承受后坐力，采用炮口装填、发射带尾翼弹的曲射滑膛火炮，自问世以来就一直是支援和伴随步兵作战的一种有效的压制兵器，是步兵极为重要的常规兵器。迫击炮一般由炮身、炮架、座钣及瞄准具四大部分组成。炮身可根据射程的远近做不同的选择，炮身长一般在 1 ～ 1.5 米；炮架多为两脚架，可根据目标位置调节高低和方向，携行时可折叠；座钣为承受后坐力的主要部件，同时与两脚架一起共同起到支承迫击炮体的作用；瞄准具多为光学瞄准镜，刻有方向分划和高低分划。迫击炮主要用于杀伤近距离或在山丘等障碍物后面的敌人，用来摧毁轻型工事或桥梁等，也可用于施放烟幕弹和照明弹。

美国"龙火"迫击炮

日本 96 式自行迫击炮

火箭炮

　　火箭炮是一种发射火箭弹的多发联装发射装置，它发射的火箭弹依靠自身发动机的推力飞行，具有发射速度快、火力猛烈、突袭性好、机动能力强，可在极短的时间里发射大量火箭弹等特点，主要担负远距离和纵深作战任务。火箭炮按运动方式可分为自行式、牵引式和便携式三种。自行式又分为履带式和轮式。按射程可分为中近程火箭炮和远程火箭炮。

苏联 BM-13"喀秋莎"自行火箭炮

M270 自行火箭炮

反坦克炮

反坦克炮是一种弹道低伸，主要用于毁伤坦克和其他装甲目标的火炮。按运动方式可分为自行式和牵引式两种。自行式除了传统的采用履带式底盘以外，目前研制中的大多采用轮式底盘，以减轻重量便于战略机动和装备轻型或快速反应部队；牵引式反坦克炮有的还配有辅助推进装置，便于进入和撤出阵地。反坦克炮具有初速高、直射距离远、射速快、射角范围小、火线高度低等特点，是重要的地面直瞄反坦克武器。

美国 M10 "狼獾" 自行反坦克炮

苏联 SU-85 自行反坦克炮

防空火炮

防空火炮是指从地面向空中目标射击的火炮，分为牵引式和自行式两种，具有身管长、射击准确、火炮可 360 度回转、射速高等特点。防空火炮多数配有火控系统，以多门炮组成高射炮阵地对空射击。

德国"猎豹"自行防空炮

日本 87 式自行防空炮

舰炮

舰炮是以水面舰艇为载体的传统海军武器，曾经作为海军舰艇主要的攻击武器，可执行对空防御、对水面舰艇作战、拦截掠海导弹和对岸火力支援等多种任务。随着电子技术、计算机技术、激光技术、新材料的广泛应用，使舰炮成为舰艇末端防御的主要手段之一。

奥托梅拉76毫米舰炮

美国MK45型舰炮

Chapter 02

榴弹炮

　　榴弹炮是一种身管较短，弹道比较弯曲，适合打击隐蔽目标和地面目标的野战炮，是地面炮兵的主要炮种之一，主要采用改变装药来改变弹道，可在较大纵深内实施火力打击。

美国75毫米M1榴弹炮

M1榴弹炮是美国于20世纪20年代研制的一款75毫米榴弹炮。

研发历史

一战后，美国陆军委托韦斯特维尔特公司研发下一代近距离支援榴弹炮，以满足复杂地形作战的需要。1927年，韦斯特维尔特公司成功完成了样炮，很快被美国陆军列装并命名为M1榴弹炮。美国加入二战前，M1榴弹炮一直不被重视，直到1940年也仅生产了90门。太平洋战争爆发后，M1榴弹炮的产量才大幅上升。到1944年停产为止，该炮各型共生产了约8400门。除了供美国陆军和海军陆战队使用外，M1榴弹炮

基本参数	
口径	75毫米
全长	3.68米
炮管长	1.38米
全宽	1.22米
全高	0.94米
重量	653千克
最大射速	6发／分
有效射程	8778米

还利用《租借法案》大量援助其他同盟国。之后 M1 榴弹炮经历了一系列改进，二战后重新命名为 M116 榴弹炮。

M1 榴弹炮正在开火

武器构造

M1 榴弹炮采用 75 毫米口径，是一种组合式火炮，运动时可以迅速拆成几个部件便于炮兵携行。反后坐装置为可变后坐长的液压气动式。M1 榴弹炮仅重 653 千克，使用威利斯吉普车即可牵引进行公路机动。M1 榴弹炮使用 M48 型榴弹（重约 7 千克），可搭配瞬发、延时（0.5 秒）空炸引信，全装药射程可达 8778 米，实际操作射击时三人就可完成。M1 榴弹炮发射时虽然有炮锄支撑，但发射时的后坐力依旧会使其跳离地面，所以通常火炮的大架后端会放几包沙，缩短火炮往上跳的距离和减少跳动的次数，以便加速退弹和装填下一发炮弹。

M1 榴弹炮示意图

性能解析

　　M1 榴弹炮机动灵活、适于山地作战，无论是山地还是丛林，只要是需要火力支援的战场环境，M1 榴弹炮都可以发挥作用。由于 M1 榴弹炮可以被拆开运送因而受到美军伞兵部队重用，可以在拆开后使用运输机空投，然后在地面上组装后投入战斗。除此之外，M1 的其他性能都十分平庸，这是该炮没有大量装备的主要原因。

保存至今的 M1 榴弹炮

衍生型号

型 号	特 点
M1	基本型
M1A1	改进型，配装新型车轮、制动器及其他配件
M2	车载式衍生型，大部分与 M1A1 型相似
M3	车载式衍生型，炮管可以和 M2 型互换
M116	二战后的改进型
M120	礼炮衍生型

M116 榴弹炮

⫸ 服役记录

除装备美国外，M1 榴弹炮还出口到日本、伊拉克、波兰等 20 多个国家。在太平洋战争中，M1 榴弹炮的产量大幅上升，在战争中所起到的作用也不容忽视。

士兵正在使用 M1 榴弹炮

⫸ 10 秒速识

M1 榴弹炮由 M1A1 式炮身和 M8 式箱型炮架构成。炮身包括摇架、平衡机、高低机、方向机、大架和炮车轮。

M1 榴弹炮开火瞬间

美国 105 毫米 M2 榴弹炮

M2 榴弹炮是美国在二战期间研制的 105 毫米榴弹炮，是二战期间美军的制式榴弹炮之一。

研发历史

1939 年，石岛兵工厂推出 M2 105 毫米榴弹炮，测试工作于 1940 年 6 月结束，此时 M2 榴弹炮仅生产了 14 门。1941 年 3 月《租借法案》通过后，美国开始将工业能力应用在军事上，M2 榴弹炮自 1941 年起大规模生产并支援同盟国

基本参数	
口径	105 毫米
全长	5.94 米
炮管长	2.31 米
全宽	2.21 米
全高	1.73 米
重量	2260 千克
最大射速	16 发 / 分
有效射程	11270 米

作战，主要在各战场作为师级支援火力。到 1953 年美国停产为止，共制造了 10202 门，另外还有不少由同盟国授权生产。1962 年美军进行装备编号重编时，M2 榴弹炮改称为 M101 榴弹炮。之后，又修改部分炮架与炮盾设计，并命名为 M101A1。

海军陆战队成员使用 M2 榴弹炮

武器构造

　　M2 榴弹炮可发射 M1 高爆弹、M67 反装甲高爆弹、M84 彩烟弹、M84 烟幕弹、M60 烟幕弹、M60 生化弹、M1 训练弹和 M14 训练弹等弹药，炮管采用高强度钢制成，无炮口制退器。焊接钢结构的大架为单轴开脚式。使用卡车牵引，也可采用直升机吊运。

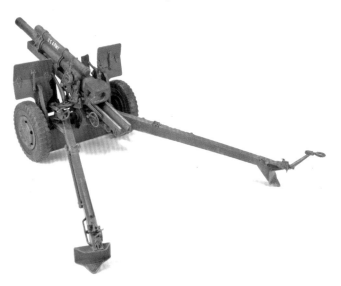

M2 榴弹炮示意图

性能解析

M2 榴弹炮重量轻，结构简单，牢固可靠，机动性较好，与美国援助的运输卡车配合使同盟国享受到了机械化炮兵的机动优势。M2 榴弹炮以其廉价、设计简便与火力适中的特点获得了炮兵肯定，直至今日仍有国家在使用。

CH-74 直升机运送 M2 榴弹炮

衍生型号

型 号	特 点
M2	基本型
M2A1	改良了后膛环
M3	轻量化型，炮管短了 0.69 米
M4	车载型，改良了后膛，改用圆筒式后坐系统
M101	二战后重新命名配装 M2A1 炮架的 M2A1
M101A1	二战后重新命名配装 M2A2 炮架的 M2A1

M3 榴弹炮（M2 轻量化型）

|||| ◤ 服役记录

　　M2 榴弹炮使用范围极广，除美国装备外，还出口到了 60 多个国家和地区。M2 榴弹炮曾作为美军 20 世纪 40 ~ 70 年代步兵师标准火炮，成为二战时期盟军及战后北约的制式榴弹炮。

士兵正在使用 M2 榴弹炮

|||| ◤ 10 秒速识

　　M2 榴弹炮采用纵向分离双炮尾拖架和木质车轮，依靠卡车牵引。

M2 榴弹炮前侧方特写

美国 105 毫米 M119 榴弹炮

M119 榴弹炮是美国在英国 105 毫米 L119 轻型榴弹炮的基础上改进而成的 105 毫米牵引榴弹炮。

研发历史

美国 M119 式 105 毫米轻型榴弹炮是英国 L119 式榴弹炮的改进型。1985 年美国陆军决定采用英国 L119 式榴弹炮并进行改装，1985 年 12 月定型。美国

基本参数	
口径	105 毫米
全宽	1.78 米
全高	2.21 米
重量	2130 千克
最大射速	3 发 / 分
有效射程	13700 米

引进后称为 M119 式 105 毫米 轻型榴弹炮。目前，美国陆军正在为该炮研制 XM913 式火箭增程弹和反装甲杀伤子母弹。

M119 榴弹炮正在发射炮弹

武器构造

M119 牵引榴弹炮的单筒自紧身管使用高强度钢制成，高效率的双室炮口制退器可拆卸，便于擦拭身管。电磁式击发装置安装在摇架上，不受气候影响，防水，可靠性好。液体气压式反后坐装置装在摇架上。

M119 榴弹炮示意图

性能解析

　　M119 牵引榴弹炮主要适用于快速部署部队、空降师和空中突击师的直接支援，在两栖作战中用于对登陆部队实施火力支援。M119 榴弹炮重量轻、可空运部署，能发射多种炮弹并可以以高射角打击目标，适于在浓密丛林、山区和城区等环境中的纵深掩体下实施射击和撤出战斗。M119 牵引榴弹炮的高低射界为 –5.5 ~ +70 度，使用座盘时的方向射界为 360 度，不使用座盘时则为 ±5.5 度。M119 牵引榴弹炮可发射榴弹、发烟弹、照明弹、碎甲弹、火箭增程弹等，每个炮班为 6 人。

美国陆军伞兵准备使用 M119 协同作战

服役记录

　　M119 榴弹炮于 1990 年 12 月开始装备美军轻型步兵师、空降师、空中突击师和海军陆战队，1991 年装备美海军陆战队。

M119 榴弹炮在战场参与作战

10 秒速识

　　M119 榴弹炮上架采用轻合金制成，安装有高低机，可使火炮作左右各 5 度的方向转动。大架为马蹄形空心管状结构，采用高强度耐蚀冷拉型钢制成。

M119 榴弹炮发射时产生的烟雾

美国 155 毫米 M198 榴弹炮

M198 榴弹炮是美国于 20 世纪 60 年代研制的 155 毫米榴弹炮。

研发历史

M198 榴弹炮于 1968 年 9 月开始研制，1969 年制造出 1 门样炮，称为 XM198 式。1970 年 4 月进行样炮的系统鉴定，同年 10 月完成设计工作。1972 年 4 ~ 5 月交付了 10 门样炮，1972 年 10 月至 1975 年年初进行可靠性试验。1975 年 2 月至 1976 年 10 月制造出 4 ~ 9

基本参数	
口径	155 毫米
全长	11 米
炮管长	6.1 米
全宽	2.8 米
全高	2.9 米
重量	7154 千克
最大射速	4 发／分
有效射程	30000 米

号改进型样炮，进行第二阶段研制与使用试验。1976 年 12 月正式定型为 M198 榴弹炮。1979 年 2 月对 19 门定型样炮进行部队使用试验。

开火中的 M198 榴弹炮

武器构造

M198 榴弹炮采用传统结构，全炮重量较轻。炮尾安装有一个用三种颜色表示炮管受热情况的警报器，炮手可根据颜色情况调节发射速度，避免炮管过热。当炮管温度超过350℃时，发出警报，此时应立即停止射击。行军时，炮身需向后回转180度，固定在大架上，以缩短行军长度。

M198 榴弹炮的瞄准装置包括放大率4×、视界10度的M137式周视瞄准镜，放大率8×、视界6度的M138式肘形瞄准镜和M17、M18式高低象限仪（−270 ~ 1433 密位）。为了便于夜间使用，所有瞄准装置中的数字刻度，均采用氚光源照明。间接瞄准射击时，炮手在左边，使用M137式周视瞄准镜确定方位角。副炮手在右边，使用M18式象限仪确定射角。直接瞄准射击时，使用安装在副炮手位置上的M138式肘形瞄准镜。

M198 榴弹炮示意图

性能解析

从 1968 年开始设计到 1979 年完成最后使用试验，整个研制周期历时 11 年，进行了各种环境试验、强度试验、重要部件考核改进试验以及部队使用和鉴定试验等，累计发射了 13 万发炮弹，因此 M198 榴弹炮具有较强的可靠性，可发射多种炮弹。

M198 榴弹炮发射炮弹瞬间

服役记录

1979 年 4 月，M198 榴弹炮开始正式装备美国陆军步兵师、空降师、空中机动师和海军陆战队的炮兵营以及部分军属炮兵的炮兵营，每连配备 8 门。除美国外，澳大利亚、比利时、希腊、巴基斯坦、沙特阿拉伯、泰国、土耳其、突尼斯、厄瓜多尔、洪都拉斯、黎巴嫩等国也有装备。

M198 榴弹炮参与作战训练

CH-47 直升机运送 M198 榴弹炮

▓▶ 10 秒速识

　　M198 榴弹炮由 M199 式炮身、M45 式反后坐装置、瞄准装置和 M39 式炮架四大部分组成。大量采用轻金属，上架、箱形大架和座盘都采用铝合金制造。

M198 榴弹炮后侧方特写

美国 155 毫米 M109 自行榴弹炮

M109 是美国于 20 世纪 60 年代研制的一款 155 毫米自行榴弹炮。

研发历史

美国陆军基于二战期间自行火炮的运用经验，认为有必要发展一种更具打击能力和机动性能的自行火炮以满足未来战场上的非直射火力支援需求。1954 年 6 月，美国陆军决定下一代自行火炮的研发计划内容，分别是 T195 110 毫米自行火炮及 T196 156 毫米自行火炮。1955 年 6 月，研发计划修正，T196 自行火炮的口径改为 155 毫米，并与 T195 自行火炮共用相同的底盘及炮塔，以简化后勤支援。

基本参数	
口径	155 毫米
全长	9.1 米
全宽	3.15 米
全高	3.25 米
重量	27500 千克
最大射速	4 发 / 分
有效射程	30000 米

1959 年 T196 自行火炮第一辆原型车出厂，后因美国陆军于 1959 年决定未来所有装甲战斗车辆的发动机全部改用柴油发动机，T196 自行火炮也进行必要的动力系统重新设计与更换，换装柴油发动机的 T196 改称 T196E1。1961 年 10 月，凯迪拉克汽车公司获得了美国陆军授予的合约，于克利夫兰陆军坦克厂进行 T196E1 自行火炮量产工作。1963 年 7 月，T196E1 自行火炮初期测评及操作测评结束，美国陆军正式给予 M109 制式编号。

展览中的 M109 自行榴弹炮

武器构造

　　M109 自行榴弹炮未配备核生化防护系统，但具备两栖浮游能力。在未经准备的状况下，M109 自行火炮可直接涉渡 1.828 米深的河流，如加装呼吸管等辅助装备，则可以以约 6 千米 / 时的速度进行两栖登陆作战。全车可搭载乘员 6 人（车长、射手、3 名弹药装填手及驾驶），驾驶舱位于车身左前方，设有 3 具 M45 潜望镜供驾驶使用，具有夜视装备可于夜间使用。车长舱口位于炮塔右侧，它装有 1 个 M2 12.7 毫米机枪架，可 360 度旋转射击。驻锄没有动力释放装置，射击前必须以手动操作。

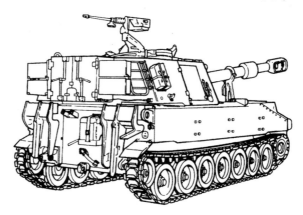

M109 自行榴弹炮示意图

性能解析

　　M109 自行火炮最初采用 1 门 M126 155 毫米 23 倍口径的榴弹炮，之后的改进型陆续换装了 M126A1 155 毫米 23 倍口径的榴弹炮、M185 155 毫米 33 倍径榴弹炮、M284 155 毫米 39 倍口径的榴弹炮。炮塔两侧各有一扇舱门，后方有两扇舱门供弹药补给使用。辅助武器除了 1 挺 12.7 毫米 M2 机枪外，另外可加装 40 毫米 Mk 19 Mod 3 榴弹发射器、7.62 毫米 M60 机枪或 7.62 毫米 M240 机枪。

经过简单伪装后的 M109 自行榴弹炮

衍生型号

型 号	特 点
M109	基本型
M109A1	换装 M126A1 榴弹炮
M109A2	换装 M185 榴弹炮
M109A3	以 A2 构型标准进行性能提升，并加入其他改进
M109A4	A2 和 A3 构型经过核生化防护能力及可靠性暨维修性提升计划改良
M109A5	火力方面的改良
M109A6	20 世纪 80 年代中期的改进型
M109A7	前身为 M109A6 与 M2 装甲车

M109A6 自行榴弹炮

服役记录

　　截至 2006 年，共有 1137 辆 A2 / A3 / A4 / A5 型在服役中，另有 950 辆 A6 构型完成了生产并进入现役。美国 BAE 系统公司获得了 M109A7 155 毫米自走榴弹炮车与 M992A3 弹药支援车辆低速率生产阶段合约采购金额约 6.68 亿美元，美国陆军计划采购 580 套 M109A7 自走榴弹炮车与 M992A3 弹药支援车辆，在 2014 年采购了 133 辆并在 2017 年 2 月开始进入全速生产。

M109 自行榴弹炮参与作战任务训练

10 秒速识

　　M109 自行榴弹炮车体结构由铝质装甲焊接而成，但全车未采用密闭

M1109 自行榴弹炮火火瞬间

美国 203 毫米 M110 自行榴弹炮

M110 自行榴弹炮（M110 Self-Propelled Howitzer）是美国研制的一款 203 毫米自行榴弹炮。

研发历史

1956 年 1 月，美国太平洋汽车与铸造公司提交了一份新型重型自行榴弹炮的设计方案，并承接了设计、试制和生产任务。1958 年，公司开始了样车的底盘试验。1959 年，公司决定将动力装置由汽油机

基本参数	
口径	203 毫米
全长	10.8 米
全宽	3.1 米
全高	3.1 米
重量	28300 千克
最大速度	54.7 千米／时
最大行程	523 千米

改为柴油机。1961 年 3 月，美国军方正式将其定型为 M110 型 203 毫米自行榴弹炮。1962 年，第一批 M110 出厂。

武器构造

M110 自行榴弹炮采用专门设计的底盘，由于它没有炮塔，整车由火炮及底盘两大部分组成，车体为铝合金装甲全焊接结构。其优点是结构简单，便于减轻全车重量，不过也存在战斗部分没有装甲防护的巨大缺陷。整个炮班由 13 名乘员组成，其中的 5 名乘员 (炮长、驾驶员和 3 名炮手) 在 M110 车上，其余人员乘坐在 M548 履带式弹药运输车上。

M110 自行榴弹炮示意图

性能解析

M110 自行榴弹炮服役时，在美军中是以连级规模编制在师级单位下，或是采独立营的编组隶属于炮兵指挥部，作为核打击的主力。由于科技更新，155 毫米榴弹炮的射程已追上 203 毫米的范围，而战术核弹的需求也不复存在。无论是射击效率、覆盖火力面、人力需求，M110 自行榴弹炮都不如改良过后的 155 毫米自行火炮。因此，各国的 M110 自行榴弹炮大多在 20 世纪 90 年代退役，由新型 155 毫米自行火炮取代。

M110 自行榴弹炮后侧方特写

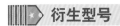

衍生型号

型 号	特 点
M110	基本型
M110A1	由 M107 改装而成，最初称 M110E2
M110A2	服役总数超过 1023 辆

服役记录

　　1963 年年初，第一批 M110 装备了美军自行榴弹炮营，改进型号有 M110A1 和 M110A2，前者于 1977 年列装，后者于 1980 年列装。

展览中的 M110 自行榴弹炮

10 秒速识

　　M110 自行榴弹炮车体为铝合金装甲全焊接结构。驾驶室位于车体的左前部，驾驶员有 3 具潜望镜。变速箱位于车体前部右侧，其后是发动机。车体后部为炮架和火炮，没有炮塔。车体的最后左侧安装有装填机，车体后部下方装有大型驻锄，射击时放下，以吸收射击时的后坐能量。

美军 M110 炮兵营

苏联 122 毫米 M-30 榴弹炮

M-30 榴弹炮是苏联在二战期间研制的一款 122 毫米榴弹炮。

研发历史

20 世纪 30 年代中苏联红军的领导者开始寻找一种新式的师级榴弹炮来替代一战时期残留下来的落后装备，1938—1939 年，有三种 122 毫米样炮问世，分别是乌拉尔重型机械厂的 U-2、莫托维利卡厂的 M-30、92 厂的 F-25。在这三种设计中，最先被淘汰的是 U-2，因为

基本参数	
口径	122 毫米
全长	5.9 米
炮管长	2.8 米
全宽	1.98 米
全高	1.82 米
重量	2450 千克
最大射速	6 发／分
有效射程	11800 米

它的弹道性能不良，另外大架的设计也不坚固。相比之下，F-25 的设计要优秀得多，其设计师格拉宾是二战苏军另一种主力火炮——ZIS-3 加农炮的设计师。但最终中央炮兵局选中的是 M-30 榴弹炮。

保存在博物馆中的 M-30 榴弹炮

武器构造

　　M-30 榴弹炮的炮身有铆接和铸造两种类型方便大量制造，炮身坚固，能够安装上雪橇，方便在苏联冰天雪地的环境中转移机动。炮闩采用断隔螺纹式结构，靠闩体上的外螺纹直接与炮尾闩室内的螺纹连接，达到封闭后膛的目的。螺式炮闩由闭锁装置、击发装置、抽筒装置、保险和挡弹装置组成。闭锁装置由闩体、锁扉、闩柄、诱导杆和驻栓组成。螺式炮闩的优点是质量轻、炮尾结构尺寸小，但也有开关闩动作慢、开闩后回转的炮闩占用空间的缺点。

M-30 榴弹炮示意图

性能解析

　　M-30榴弹炮除了能够发射杀伤榴弹外，还能发射破甲弹，烟幕弹，照明弹等各种类型炮弹，其中杀伤榴弹OF-462的有效杀伤面积为60米×20米，爆炸产生的弹坑直径为2米，深为40厘米。由于榴弹炮的身管较短，不适合发射初速较高的穿甲弹，因此苏军专门生产了一种122毫米空心装药反坦克弹，供M-30榴弹炮使用。

展览中的M-30榴弹炮

衍生型号

型号	特点
M-30S	略作现代化改进的版本
U-11	简化了驻退机构，以便运输
D-6	装备在试验型的SU-122-Ⅲ突击炮上

M-30榴弹炮及使用的炮弹

服役记录

二战时，M-30 榴弹炮是苏联红军师级作战单位的主力支援火炮，纳粹德国和芬兰军队也装备了一些缴获来的 M30 型火炮。二战结束后，许多社会主义国家从苏联接收了大量的该型火炮，在 20 世纪中后叶 M30 型榴弹炮仍然活跃在中东地区的战争之中。

M-30 榴弹炮前侧方特写

10 秒速识

M-30 榴弹炮采用普通的单筒身管，身管的后半部分嵌套在被筒内，炮口没有制退器。火炮的炮尾与被筒使用螺纹连接，炮尾用以安装炮闩。

M-30 榴弹炮侧方特写

苏联 152 毫米 ML-20 榴弹炮

ML-20 榴弹炮是苏联于 20 世纪 30 年代研制的一款 152 毫米榴弹炮。

研发历史

1937 年年初，苏联佩特罗夫工厂（第 172 号工厂）接受了改造老式的 M1910/34 型 152 毫米榴弹炮的任务（最早的 M1910 是法国施耐德公司著名的火炮）。同年，佩特罗夫工厂顺利地完成了改造任务，新型榴弹炮被命名为 ML-20 榴弹炮，也被称为 M1937 型榴弹炮。随后，ML-20 榴弹炮开始装备苏联红军，在整个二战中都可以看到它的身影，德军和芬兰军队也在缴获这种火炮后大量使用。ML-20 榴弹炮的生产从 1937 年开始直到 1946 年结束。

基本参数	
口径	152 毫米
全长	8.18 米
炮管长	4.41 米
全宽	2.35 米
全高	2.27 米
重量	7270 千克
最大射速	4 发／分
有效射程	17230 米

ML-20 榴弹炮后侧方特写

武器构造

　　ML–20 榴弹炮准备了 13 种装药用于分装调整弹道，同时它也可以采用直接瞄准和间接瞄准两种方式进行射击。它设计了新的装置用于直接针对气象状况进行调整和俯仰角的弹道修正，而这种装置在之后被各国火炮广泛运用至今。

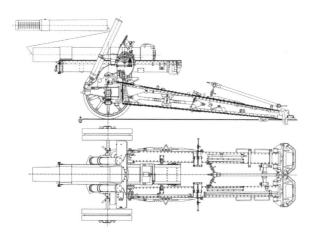

ML-20 榴弹炮示意图

▌▌▌▷ 性能解析

　　ML-20 榴弹炮的射程很远，远远压制了包括德军著名的 150 毫米 sFH
18 榴弹炮在内的众多相近口径的火炮。虽然德军之后也有射程更远的火炮
出现，但生产量非常低。

展览中的 ML-20 榴弹炮

▌▌▌▷ 衍生型号

型号	特点
ML-20SM	取消了炮口制退器，未量产
BL-20	1946 年的试验型号，在 ML-20 榴弹炮基础上小有改动

ML-20 榴弹炮侧方特写

服役记录

　　ML-20 榴弹炮在二战时期可以在远距离上轻松压制敌方的火炮阵地。二战后，ML-20 榴弹炮依然在多场冲突和战争中出现，在一些国家的军队中一直服役到 20 世纪中后期。

ML-20 榴弹炮后侧方特写

10 秒速识

　　ML-20 榴弹炮在炮口附近加装了独特的制退装置，侧面众多的开口可以保证尾焰由两侧顺利排出，这也成了 ML-20 榴弹炮标志性的外观。

ML-20 榴弹炮前方特写

俄罗斯 152 毫米 2S19 自行榴弹炮

2S19 自行榴弹炮是苏联于 20 世纪 80 年代末开始研制的一款 152 毫米自行榴弹炮。

研发历史

152 毫米 2S19 自行榴弹炮是苏联解体之前完成研制的一款履带式自行榴弹炮，由苏联乌拉尔运输机器设计局研制，北约赋予其的代号为 M1990 式。用来取代 2C3 式 152 毫米自行榴弹炮。按照 1993 年的价格，该火炮国际市场售价为 160 万美元。

基本参数	
口径	152 毫米
全长	7.15 米
全宽	3.38 米
全高	2.99 米
重量	44500 千克
最大射速	5 发／分
最大速度	60 千米／时
最大行程	500 千米

2S19 自行榴弹炮前侧方特写

武器构造

武器构造

　　2S19 自行榴弹炮采用了 T–80 坦克的底盘和 2A65 牵引榴弹炮改进而来的火炮。该炮车体前部配有轻型自动挖壕系统，可在 20 分钟内挖好防护壕。

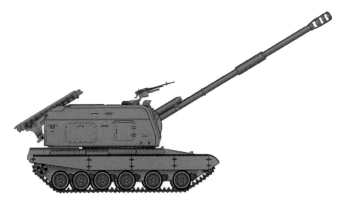

2S19 自行榴弹炮示意图

性能解析

　　与美国 M109 自行榴弹炮相比，2S19 自行榴弹炮的射速高、机动性好、携弹量大，但缺乏自动火控系统和自动定位定向系统，独立作战能力差，弹药没有实现隔舱化，生存率较低。

行驶中的 2S19 自行榴弹炮

⬛⬛⬛▷ ★ 服役记录

2S19 自行榴弹炮于 1989 年装备苏军炮兵师和集团军的炮兵旅，主要用于压制敌方炮兵、坦克及反坦克预备队，破坏地面防御工事，摧毁敌方侦察所和指挥所，歼灭敌方有生力量。

2S19 自行榴弹炮特写

⬛⬛⬛▷ ★ 10 秒速识

2S19 自行榴弹炮的炮塔左上侧有潜望镜，右前有小型炮长指挥塔，安装有 1 挺机枪、1 个白光 / 红外探照灯和 1 个昼间红外观察装置。

2S19 自行榴弹炮前方侧写

德国 105 毫米 leFH 18 榴弹炮

leFH 18 榴弹炮是德国在二战期间研制的一款 105 毫米轻型榴弹炮。

研发历史

leFH 18 榴弹炮由德国莱茵金属公司在 1929—1930 年设计开发，在当时是最好的火炮之一，其名称中的"le"是德语中"近程"的开头字母，"FH"则是"野战榴弹炮"（Field Howitzer）的意思。1939 年 leFH 18 开始在德国国防军中服役，并作为德国国防军的标准榴弹炮伴随

基本参数	
口径	105 毫米
全长	6 米
炮管长	2.94 米
全宽	1.98 米
全高	1.88 米
重量	1985 千克
最大射速	6 发／分
有效射程	10675 米

德军走完二战的全程，直到 1945 年 5 月 9 日"欧战"结束。1940—1945年，德国总共生产了 2 万门 leFH 18 榴弹炮。尽管 leFH 18 榴弹炮所使用炮弹的威力也不如苏联 M-30 榴弹炮，但它仍然在战争中被使用于各个战场，还被安装在坦克底盘改装成了自行火炮。

保存至今的 leFH 18 榴弹炮

武器构造

　　leFH 18 榴弹炮的炮膛机构简单，并配备有液气压缓冲系统。最初并没有配备炮口制退器，直到 1941 年安装了炮口制退器后，每发炮弹可装填更远射程所需的火药量。

leFH 18 榴弹炮示意图

性能解析

　　leFH 18 榴弹炮的曲射弹道不但可以进行远距离曲射压制射击，而且还能灵活调整火炮弹道，在近距离具有反坦克炮的直射弹道特性，能进行有效的直瞄射击。

leFH 18 榴弹炮前侧方特写

衍生型号

型 号	特 点
leFH 18M	加装炮口制退器
leFH 18/40	将 leFH 18M 的炮管安装到 75 毫米 Pak40 反坦克炮的炮架上

leFH 18 榴弹炮后方特写

服役记录

1938 年前，leFH 18 榴弹炮曾被出口到匈牙利、西班牙和芬兰等国，其中出口到芬兰的 53 门被更名为 105 H 33。1943—1944 年有 166 门出口到了保加利亚，而瑞典在 1939—1942 年也曾向德国购买了 142 门，命名为 Haubits m/39，并持续使用到 1982 年。

正在开火的 leFH 18 榴弹炮

10 秒速识

leFH 18 榴弹炮的轮毂为木制或钢制，木制型号只能使用马匹牵引。

leFH 18 榴弹炮侧方特写

德国 150 毫米 sFH 18 榴弹炮

sFH 18 榴弹炮是德国在二战期间研制的一款 150 毫米重型榴弹炮。

研发历史

sFH 18 榴弹炮是德国莱茵金属公司与克虏伯公司在 1926–1930 年期间联合研制的，莱茵金属公司研制炮身，克虏伯公司研制炮架。20 世纪 30 年代初期，sFH 18 榴弹炮研制完成，并以 18 年式命名，主要是为了让国际社会认为此炮是一战结束前设计，以回避《凡尔赛条约》的

基本参数	
口径	150 毫米
全长	7.85 米
炮管长	4.5 米
全宽	2.26 米
全高	1.71 米
重量	5530 千克
最大射速	4 发 / 分
有效射程	13250 米

限制。其名称中的"s"是德语中"远程"的开头字母，"FH"则是"野战榴弹炮"（Field Howitzer）的意思。虽然实际口径只有 149.1 毫米，但是因为前身 SFH 13 榴弹炮也是同口径以 150 毫米命名，因此延续这种命名方式。在战争结束前德国总共生产了 5403 门 sFH 18 榴弹炮 .。

白色涂装的 sFH 18 榴弹炮

武器构造

sFH 18 是为了"闪电战"的需求而设计制造，但是一方面德国自身机械化能量不足，不可能让火炮全部使用半履带车拖曳，因此实战中不少 sFH 18 还使用马匹拖弋，因此推进速度无法追上真正的机械化部队。加上 sFH 18 没有安装悬吊系统，即便使用机械车辆拖弋，其速度仍然无法让德军满意。

sFH 18 榴弹炮示意图

性能解析

sFH 18 是世界上第一款使用火箭推进榴弹的榴弹炮。火箭推进榴弹可以增加 3000 米的射程，不过一方面程序烦琐，另一方面准确率不高，因此配发后广受差评而迅速退出一线。除了火箭推进榴弹以外，sFH 18 的后续改进主要针对炮身以及装药的改进。借由特殊 7 号以及 8 号装药，sFH 18

的射程成功延伸至 15 千米，但伴随而来的后坐力增加以及磨损问题使得研发厂商在火炮上安装炮口制退器以及更改炮身制造工序以符合火炮寿命需求，新造的火炮被赋予 sFH 18M 的代号并成为后期德国陆军炮兵主力。

sFH 18 榴弹炮侧方特写

衍生型号

型 号	特 点
sFH 18/32L	安装 32 倍径炮身
sFH 18M	安装了炮口制退器以及炮管清膛器
sFH 18/40	将 sFH 40 的炮身安装至 sFH 18 的炮架上

sFH 18 榴弹炮后方特写

▌▌▌▷ 服役记录

1935 年 5 月，sFH 18 榴弹炮开始在德国国防军中服役，随后在德国扩军政策下大量生产并持续生产至二战结束，是二战前德国的陆上重火力支援装备。一战后，大量 sFH 18 榴弹炮作为战利品服役于阿尔巴尼亚、保加利亚与捷克陆军中，捷克陆军的 sFH 18 榴弹炮炮管口径被磨成 152 毫米以符合红军的弹药口径，此种改变口径的火炮编号为 vz 18/46。

sFH 18 榴弹炮前方特写

▌▌▌▷ 10 秒速识

sFH 18 使用火箭推进榴弹，无悬吊系统。

保存至今的 sFH 18 榴弹炮

英国 QF 25 磅榴弹炮

QF 25 磅榴弹炮是英国在 20 世纪 30 年代研制的一款中小口径榴弹炮。

研发历史

1933 年，英军试验了 18 磅、22 磅、25 磅三种火炮。1935 年，QF 25 磅榴弹炮 MK1 型问世，虽然火炮身管设计完全可以承受强装药，但 18 磅炮炮架却难以承受强装药的冲击。使用 3 号装药时，最大射程只能达到 10500 米。英军总参谋部决定继续研制 25 磅炮。但由于经费不

基本参数	
口径	88 毫米
全长	4.6 米
炮管长	2.47 米
全宽	2.13 米
全高	1.16 米
重量	1633 千克
最大射速	8 发／分
有效射程	12253 米

足，而英军又有大量库存的 MK4 型 18 磅炮的炮架，所以新型 25 磅炮最初采用了 MK4 型 18 磅炮的炮架。

保存至今的 QF 25 磅榴弹炮

武器构造

　　QF 25 磅榴弹炮采用液体气压式反后坐力装置、分装式炮弹（弹丸和发射药筒分开）。由于需要改变装药量而采用分装式炮弹，会导致该炮射速较慢，不能充分发挥立楔式炮闩的优点。但立楔式炮闩适合在空间狭窄的自行火炮上使用。该炮的液体气压式反后坐装置位于身管下方，这样不便于维修，而且抬高了火线，作为反坦克用途时容易暴露，对火炮生存不利。QF 25 磅榴弹炮主要由 4 吨的"贝德福德"卡车牵引。

QF 25 磅榴弹炮示意图

性能解析

QF 25 磅榴弹炮是英国军队中第一种具有加农炮和榴弹炮两种弹道特点的火炮。它既可以用低初速、高弹道射击遮蔽物后方的目标，也可以用高初速、低伸弹道直射目标。英军为 QF 25 磅榴弹炮研制了 9 千克重的同口径实心穿甲弹。这种炮弹精度无法和长身管的加农炮发射的次口径穿甲弹相比，但实心弹动能很大，足以摧毁德军的三号坦克。由于后坐力增大，原有的反后坐装置难以承受，经常损坏，因此安装了双室炮口制退器。改装后的 QF 25 磅榴弹炮可以在 1200 米内对坦克进行直瞄射击，威力足以对付德军三号坦克和早期的四号坦克。

黑色涂装的 QF 25 磅榴弹炮

服役记录

QF 25 磅榴弹炮被英联邦国家广泛装备和使用，在二战期间的许多战斗中作用巨大，包括著名的阿拉曼战役、诺曼底登陆后的欧洲战场上，时常可以看见装有制退器的 QF 25 磅榴弹炮。

QF 25 磅榴弹炮局部特写

||||▷ **10 秒速识**

　　QF 25 磅榴弹炮采用充气橡胶轮胎，采用立楔式炮闩，牵引工具为 4 吨的"贝德福德"卡车。

QF 25 磅榴弹炮侧方特写

英国 155 毫米 M777 榴弹炮

M777 榴弹炮是英国于 21 世纪初研制的一款 155 毫米超轻型榴弹炮。

研发历史

M777 榴弹炮是由英国 BAE 系统公司的全球战斗系统部门（Global Combat Systems Division）制造，主要生产线位于英国巴罗因弗内斯，负责钛合金结构与制退组件的制造与组装，最终组装与测试工作则由 BAE 系统公司在美国密西西比州哈提斯堡的工厂负责。

基本参数	
口径	155 毫米
全长	10.7 米
炮管长	5.08 米
全宽	2.77 米
全高	2.26 米
重量	3420 千克
最大射速	5 发 / 分
有效射程	40000 米

最早测试 M777 榴弹炮的部队是位于北卡罗来纳州布拉格据点的美国陆军第 18 野战空降炮兵旅，其他测试部队还包括第 321 野战炮兵团第一营及第三营。M777 每门炮造价约 70 万美元，相当于 M198 榴弹炮的 1.5 倍。

武器构造

M777 榴弹炮是世界上第一种在设计中大规模采用钛和铝合金材料的火炮系统，从而使得该野战火炮的重量是常规 155 毫米火炮重量的一半。

虽然 M777 炮兵编制是 9 人，但只要 5 人就可以在两分钟内完成射击准备。由于该炮采用的是模块化设计，因此可以使工业合作伙伴更有效地进行技术转让和生产共享。

M777 榴弹炮示意图

性能解析

M777 榴弹炮操作简单，反应迅速，具有低轮廓、高生存力以及快速部署和装载能力等特点，因此它可在最具挑战性的战场环境中快速进入发射阵地。除此之外，M777 能够编程并发射 M982 "神剑"制导炮弹，这种炮弹使 M777 榴弹炮的射程达到了 40 千米，射击精度达到了 10 米以内。

M777 榴弹炮及其使用的弹药

衍生型号

型 号	特 点
M777A1	升级电子战系统，增加携带式电源、卫星全球定位装置、惯性导航等
M777A2	大幅升级了 M777A1 的软件

M777 榴弹炮进行作战训练

服役记录

在 2003 年伊拉克战争中的巴士拉之战中，8 门被军用卡车以 60 千米/时的速度越野牵引的 M777 榴弹炮在行进间接到了海军陆战队第一远征队的火力支援要求。在不到两分钟的时间内，8 门 M777 榴弹炮就完成了停车、架设和开火一系列战术动作。三轮急速射击后，8 门 M777 榴弹炮迅速转移到了 3 千米外的另一个火炮阵地，整个过程也不到 5 分钟。

英国士兵正在使用 M777 榴弹炮

10秒速识

　　M777 榴弹炮从外观上看有些像加了后座的迫击炮，大规模采用钛和铝合金材料，所有 2.5 吨重的卡车都能轻易牵引 M777 榴弹炮。

M777 榴弹炮进行炮弹齐射

英国/德国/意大利 155 毫米 FH70 榴弹炮

FH70 榴弹炮是英国、德国、意大利三国联合研制的一款 155 毫米口径的榴弹炮。

研发历史

欧洲武器工业最有名的三家公司——莱茵金属公司、维克斯公司和奥托公司合伙发展了 FH70 式 155 毫米榴弹炮。FH70 榴弹炮于 1977 年开始批量生产，自 1987 年起先后装备三国陆军。该炮发展历时 15 年，在当时是一门性能优异的榴弹炮，时至今日依然是许多国家地面火力的骨干。

基本参数	
口径	155 毫米
全长	9.8 米
炮管长	6 米
全宽	2.2 米
全高	2.5 米
重量	9600 千克
最大射速	6 发／分
有效射程	30000 米

FH70 榴弹炮由牵引车进行牵引

武器构造

　　FH70 榴弹炮由炮身、反后坐装置、摇架、装填装置、座盘、辅助推进装置和瞄准装置等部分组成，发动机功率为 50.7 千瓦，牵引时最大公路行驶速度 100 千米 / 时，辅助推进行驶速度 16 千米 / 时，行军战斗转换时间为 1.5 ～ 2 分，炮班人数为 8 人。1984 年之后，德国的改进型 FH70R 榴弹炮采用39倍口径长身管、立楔式炮闩、双室炮口制退器和半自动装弹机构，可发射多种常规炮弹和核弹。

FH70 榴弹炮

性能解析

FH70 榴弹炮具有较高的射速，由于配有辅助推进装置，因此便于近距离机动和快速展开。该炮采用新弹药，提高了射程和杀伤力。整体来说，FH70 榴弹炮具有射程远、威力大、机动性好、可空运的特点。

FH70 榴弹炮侧方特写

服役记录

FH70 榴弹炮直到现在仍然处于服役状态，除了英国、德国、意大利外，FH70 还出口至日本和阿拉伯等国家。

保存在博物馆中的 FH70 榴弹炮

10 秒速识

FH70 榴弹炮可牵引、辅助推进和空运，瞄准装置上有数字显示器，可显示连指挥所提供的高低和方向数据等。

FH70 榴弹炮局部特写

英国 155 毫米 AS-90 自行榴弹炮

AS-90 是英国维克斯造船与工程公司（现 BAE 系统公司）研制的一款 155 毫米轻装甲自行榴弹炮。

研发历史

AS-90 自行榴弹炮是为了替换"阿伯特"105 毫米榴弹炮和老式的 M109 自行火炮。在原来计划和德国、意大利联合研制 SP70 计划夭折之后，由英国政府招标，最终英国维克斯造船和工程公司（现为 BAE 系统公司）的 AS-90 中标。1986

基本参数	
口径	155 毫米
全长	9.07 米
全宽	3.5 米
全高	2.49 米
重量	45000 千克
最大速度	53 千米／时
最大射速	6 发／分
有效射程	30000 米

年推出了全新的 AS-90A 自行榴弹炮，1989 年，维克斯造船与工程公司对火炮进行了优化设计，推出了新的改型 AS-90B，1993 年 5 月，装备 52 倍径火炮的 AS-90 在美国阿伯丁试验场的靶场进行了发射试验。

AS-90 自行榴弹炮进行作战训练

武器构造

　　AS-90 自行榴弹炮的基本配备为 155 毫米 L131 射击系统，其由惯性动态基准装置、炮塔控制计算机、数据传输装置等组成，可以完成自动测地校准、自动瞄准等工作。AS-90 自行榴弹炮采用了液压悬吊装置，炮击时，仅凭着液压悬吊装置就可以将车体牢牢锁住，进行 360 度的炮击。

AS-90 自行榴弹炮示意图

性能解析

　　由于多重系统的组合，使得 AS-90 具有快速准备和精确射击的能力。AS-90 自行火炮安装了 1 门 155 毫米 39 倍口径的火炮，射程并不是很远，但可靠性非常好，在长时间射击时，不会出现过热和烧蚀的现象。AS-90 的辅助武器为 1 挺 7.62 毫米 GPMG 防空机枪，还有 2 具五联装烟幕弹发射器。

正在开火的 AS-90 自行榴弹炮

◤◤◤ 衍生型号

型 号	特 点
AS-90D	沙漠版，加强冷却装置
AS-90 Breveheart	换装 155 毫米 52 倍口径榴弹炮
AHS Krab	波兰授权生产版

AS-90 自行榴弹炮前方特写

服役记录

AS-90 自行榴弹炮于 1992 年首次装备部队，英国陆军计划采购 241 辆，主要用于为师级以上部队提供火力支援。

部署在战场的 AS-90 自行榴弹炮

10 秒速识

AS-90 自行榴弹炮车体后部原有的驻锄被取消，炮塔上部涂有反射太阳光的金属漆。

行驶中的 AS-90 自行榴弹炮

英国105毫米"阿伯特"自行榴弹炮

"阿伯特"（Abbot self-propelled artillery）是英国于20世纪60年代研制的一款105毫米自行榴弹炮。

研发历史

1958年，英国的战斗车辆研究所开始研制一种新型自行榴弹炮，研制代号为FV433。1961年制成了12辆样车，并开始了射击试验和行驶试验。1962–1965年，又试制了第二批6辆样车，继续进行试验。1967年正式定名为"阿伯特"（ABBOT）105毫米自行榴弹炮。

基本参数	
口径	105毫米
全长	5.8米
全宽	2.6米
全高	2.5米
重量	16560千克
最大速度	47千米／时
最大射程	17000米
最大行程	480千米

急速行驶的"阿伯特"自行榴弹炮

武器构造

　　"阿伯特"自行榴弹炮由炮身、摇架、反后坐装置、输弹机、射击指挥系统和底盘等组成，装备有三防装置，可水陆两用。电动旋转炮塔可环射，可精确打击远至 15 千米的目标，并有效打击除重装甲战车以外的任何目标。驾驶员位于车体前部右侧，车长、炮长和装填手位于炮塔内，炮长位于右前方，车长在右后方，装填手在火炮的左侧。车长有一个能旋转 360 度的指挥塔和向后开启的指挥塔门，装填手处有一个向后开启的舱门，炮长处也有一个舱门。此外，在炮塔后部有一个小舱门，用于应急补充弹药。在底盘后部还有一个较大的舱门，主要供补充弹药用。

保存至今的"阿伯特"自行榴弹炮

性能解析

　　"阿伯特"自行榴弹炮具有重量轻、体积小、可空运、机动性强的特点，战斗全重为 16570 千克，最大时速 47.5 千米 / 时，发射榴弹时最大射程达17 千米，最大射速为 12 发 / 分。

"阿伯特"自行榴弹炮前侧方特写

服役记录

　　"阿伯特"自行榴弹炮于 1967 年开始装备英陆军部队，此炮装备在装甲师的直接支援炮兵团（24 门）和步兵旅的炮兵团（18 门）。除英国陆军装备外，瑞典和奥地利等国也有采用。

"阿伯特"自行榴弹炮前方特写

10 秒速识

　　"阿伯特"自行榴弹炮采用了 FV432 装甲输送车的底盘，整车由底盘和炮塔两大部分组成。炮塔位于车体的后部，炮塔是封闭的，可以360度旋转。

"阿伯特"自行榴弹炮后侧方特写

瑞典 155 毫米 FH77 榴弹炮

　　FH77 榴弹炮是瑞典研制的世界上自动化程度最高的一款 155 毫米口径榴弹炮。

研发历史

　　瑞典陆军早在 20 世纪 60 年代就提出要发展一种具有短途自行能力的 155 毫米榴弹炮，1970 年初与博福斯公司签订了研制生产合同，1973 年研制出 3 门样炮交军方进行试验和试用，1975 年签订了批量生产合同，1978 年交付第一批 10 门火炮。

基本参数	
口径	155 毫米
全长	11.6 米
炮管长	5.89 米
全宽	9.73 米
全高	2.75 米
重量	11500 千克
最大射速	6 发／分
有效射程	21000 米

FH77 榴弹炮示意图

武器构造

FH77 榴弹炮以液压驱动方式进行高低和方向瞄准，因此它没有一般火炮所采用的高低轨机械传动装置，以及高低轨和方向机手轮。而是靠瞄准手座位处的两个操纵手柄；一个用于操纵火炮方向转动。火炮射击时，起落部分用液压闭锁。在瞄准手座位的前方还安装有 RIA 电子自动瞄准装置，由控制显示器、PKD-6 式伺眼控制周视瞄准镜和直瞄镜组成。直瞄镜与一般测试瞄准镜相类似。瞄准装置有自动和手动两种工作方式。该炮的液压装置系统由液压输弹机、液压弹丸起动机和装弹台 (可容纳 3 发弹丸) 等组成。

FH77 榴弹炮后方特写

性能解析

由于 FH77 榴弹炮实现了火炮操作的自动化，不仅缩短了行军战斗转换时间，而且也大大减轻了炮手的劳动强度。安装有辅助推进装置的 FH77 榴弹炮，在进行阵地机动时，则显示了它的优越性：不需要汽车开进阵地，也不要完成挂炮上车等项操作，一旦完成射击任务，即可利用火炮本身的短途自行能力，迅速转移到新的阵地上去，以便继续为被支援的部队提供及时有效的火力支援，同时也极大地提高了火炮自身的生存能力。

该炮配用的主要弹种为 M77 式低凹杀伤爆破榴弹，其爆炸威力比北约的 M107 式榴弹大 25%。装药为可重复使用的钢底塑料药筒，共有 6 个装药号，使用最大装药 (6 号装药) 的最大射程为 21.7 千米。除榴弹外，还配有照明弹和发烟弹。该炮的缺点是尺寸和重量太大，输弹系统比较复杂。

FH77 榴弹炮前方特写

▶ 服役记录

1982 年瑞典陆军换装了 FH77 榴弹炮。为了适应国际市场的需要，后来又研制了一种专供出口的、能发射北约 155 毫米制式弹药的火炮。前者称为 FH77A 式，后者称为 FH77B 式。

FH77 榴弹炮协同士兵进行实弹训练

▶ 10 秒速识

FH77 榴弹炮身管的前端安装有一个小侧孔反冲式炮口制退器，炮尾机构配用向下开闩的半自动立切式炮闩、击发机为电动机械式。

装备尼日利亚的 FH77 榴弹炮

法国 155 毫米 TRF1 榴弹炮

TRF1 榴弹炮（TRF1 towed howitzer）是法国于 1975 年开始研制的一款 155 毫米牵引榴弹炮。

研发历史

TRF1 榴弹炮由法国地面武器工业集团于 1976 年开始研制，法国陆军计划订购 180 门。该炮于 1984 年年末开始正式装备法国步兵师属炮兵团。

基本参数	
口径	155 毫米
全长	10 米
炮管长	6.2 米
全宽	3.09 米
全高	1.79 米
重量	10520 千克
最大射速	6 发／分
有效射程	30 千米

法国军队装备的 TRF1 榴弹炮

武器构造

TRF1 榴弹炮由炮身、炮架、反后坐装置、自动装填机、座盘、辅助推进装置和瞄准装置等部分组成。TRF1 榴弹炮采用液压瞄准具,安装了一个口径 155 毫米长 6.2 米的炮管,能够发射高爆炮弹。

士兵正在使用 TRF1 榴弹炮

性能解析

TRF1 榴弹炮具有射程远,威力大、机动性好、可空运的特点,并配有辅助火炮牵引车和输弹机,行军时炮身可回旋 180 度。TRF1 榴弹炮的战斗全重为 1065 千克,可发射多种常规弹药,发射 F1 式榴弹时的初速为 830 米 / 秒,有效射程 24 千米,最大射程 30 千米,最大射速 6 发 / 分。

在战场协同士兵作战的 TRF1 榴弹炮

⫸ 服役记录

　　TRF1 榴弹炮于 1989 年正式装备法国第十一海军步兵团。并于 1991 年由法国陆军第六十八炮兵团在第一次在海湾战争中投入实战。装备国家有法国（105 门）、塞浦路斯（12 门）、沙特阿拉伯（28 门）。

TRF1 榴弹炮开火时产生的烟雾

⫸ 10 秒速识

　　TRF1 榴弹炮有两轮车架，可由机动车辆牵引。

TRF1 榴弹炮后方特写

法国155毫米"凯撒"自行榴弹炮

"凯撒"是法国地面武器工业集团设计和生产的一款155毫米轮式自行榴弹炮。

研发历史

"凯撒"自行榴弹炮最初是由法国地面武器工业集团自筹资金研制，它将1门155毫米52倍口径榴弹炮安装在6×6型卡车上，恰逢其时地满足了快速反应部队装备建设的需要。1994年6月，"凯撒"自行榴弹炮首次在巴黎萨托里武器装备展

基本参数	
口径	155毫米
全长	10米
全宽	2.55米
全高	3.7米
重量	17700千克
最大速度	100千米/时
最大射速	6发/分
有效射程	42000米

览会上登台亮相。法国陆军于1998年对首门全系统样炮进行了大量试验，根据试验结果对样炮作了进一步改进，并于2002年研制出第二门全系统样炮。2003年年初，地面武器工业集团向法国军队提供了5套系统用于试验。

"凯撒"自行榴弹炮前侧方特写

武器构造

　　"凯撒"系统装备有模块式火控系统，包括 CS2002-G 型火控计算机、自动瞄准系统、"西格玛"(SIGMA)30 型导航定位系统、GPS 全球定位系统接收机、RBD4 型初速测定雷达、保密的自动实时数据传输系统，以及备用的手动光学瞄准镜、液压方向机和高低机等，还装备有弹药自动装填系统，因而全系统行进间的反应时间仅 50 秒钟。

"凯撒"自行榴弹炮示意图

性能解析

　　"凯撒"自行榴弹炮整体装甲防护驾驶舱可以防御 200 米距离上射来的 7.62×51 毫米子弹和炮弹破片的打击。由于重量轻，行进速度快，"凯撒"具有极高的战术机动性，能够快速进入阵地、快速射击并快速撤出，从而使对方的反炮兵火力无"用武"之地。除此之外，"凯撒"还具有很强的信息化作战能力，非常适合进行快速反应作战，完全能够满足现代战场形势对火炮系统提出的新的作战需求。"凯撒"的不足在于没有采用炮塔，射击时炮班人员和火炮要完全暴露在外，从而使其战场生存能力受到一定程度的影响。

正在开火的"凯撒"自行榴弹炮

服役记录

2003 年 10 月，法国军队决定采购更多的"凯撒"自行榴弹炮，而不是继续升级老式的 AUF1 自行火炮。除法国外，沙特阿拉伯、泰国和印度尼西亚等国也采用了"凯撒"自行榴弹炮。

绿色涂装的"凯撒"自行榴弹炮

10秒速识

　　"凯撒"自行榴弹炮的突出标志是没有采用炮塔，而且炮架、驾驶舱、弹药舱及射击稳定装置均选用铝合金和轻型复合材料制作。

部署在阿富汗战场上的"凯撒"自行榴弹炮

德国 155 毫米 PzH2000 自行榴弹炮

PzH2000 自行火炮是由德国克劳斯 – 玛菲·威格曼公司和莱茵金属联合研制的一款 155 毫米自行榴弹炮。

研发历史

1987 年，德国国防技术与采购署和两个竞标团队签订达了 1.83 亿马克（约 8 亿人民币）的研究试制合同，分别研制火炮原型，展开研究计划的第一阶段开发，最终克劳斯 – 玛菲·威格曼公司的团队胜出。

基本参数	
口径	155 毫米
全长	11.7 米
全宽	3.6 米
全高	3.1 米
重量	55800 千克
最大速度	67 千米／时
最大射速	10 发／分
有效射程	56000 米

1996 年，德国陆军正式宣布 PzH2000 成功通过各项测试并开始量产，并授予克劳斯 – 玛菲·威 格曼公司一份合同用于生产 185 门 PzH2000 自行火炮，主要子承包商莱茵金属公司生产交付所有的自行火炮底盘。

急速行驶中的 PzH2000 自行榴弹炮

武器构造

　　PzH2000 自行榴弹炮的车体前方左部为发动机室，右部为驾驶室，车体后部为战斗室，并装有巨型炮塔。炮塔可加装反应装甲，可有效防御攻顶弹药。另外还有各种防护系统，包括对生、化、核的防护措施。自动装填装置使用电动系统，操作人员只要按动控制电钮，就可以自动装填炮弹。PZH2000 的弹药舱内装有 60 发炮弹，自动装填装置的弹匣中装有 32 发供随时发射的炮弹。车载弹道计算机对弹药数据、目标数据以及射击数据进行自动管理。PzH2000 自行火炮的乘员有 5 人，包括车长、炮手、两名弹药手以及驾驶员。

PzH2000 自行榴弹炮模型图

性能解析

　　PzH2000 自行榴弹炮是当今世界上最先进的火炮之一。它的一个特点就有拥有很高的射速，在急速射模式下，PzH2000 能在 9 秒中时间内发射 3 发炮弹，56 秒内发射 10 发，在 1 分钟之内连续的发射 10 发。PzH2000 自行火炮采用莱茵金属公司生产的 1 门 155 毫米 L52 火炮，其由该公司的 155 毫米 FH70 榴弹炮发展而来。PzH-2000 自行火炮还有 1 挺 7.62 毫米 MG3 机枪和 16 具全覆盖烟幕弹发射器作为辅助武器。PzH2000 自行火炮还曾在热带和寒带地区进行试验，能够适应各种极端气候。

正在开火的 PzH2000 自行榴弹炮

服役记录

　　PzH2000 自行榴弹炮第一次被用于实战是 2006 年 8 月装备于荷兰皇家陆军参加了在阿富汗代号为"美杜莎"的军事行动，从这之后，PzH2000 也被时常用于支援驻阿富汗联军在乌鲁兹甘省的作战行动。 除德国以外，该炮还出口到了意大利、挪威、瑞典、丹麦、芬兰、希腊和荷兰等国。

阿富汗战场上的 PzH2000 自行榴弹炮

10 秒速识

PzH2000 自行榴弹炮车体采用了与坦克相同的防弹钢板全焊接结构。并在炮塔上面新增加了装甲组合板，由厚度为 20 毫米左右的几十个装甲钢板组成。

PzH2000 自行榴弹炮侧方特写

韩国 155 毫米 K9 自行榴弹炮

K9 自行火炮是韩国于 20 世纪 90 年代研制的一款 155 毫米 52 倍口径自行榴弹炮。

研发历史

多年来，韩国自行火炮的主力一直是美国 M109A2 式 155 毫米 39 倍口径自行榴弹炮。20 世纪 80 年代末，为满足 21 世纪的作战需求，韩国陆军拟定了新型 155 毫米 52 倍口径自行榴弹炮的研制计划，关键性要求包括提高射速、射程、射击精度及高机动性等。经过竞争，韩国三星集团成为新型自行榴弹炮的主承包商。1994 年，第一门样炮 XK9 完成。随后，在全尺寸研制阶段又制造了 3 门试生产型火炮系统。1998 年，XK9 定型为 K9。

基本参数	
口径	155 毫米
全长	12 米
全宽	3.4 米
全高	2.73 米
重量	47000 千克
最大速度	67 千米／时
最大射速	8 发／分
有效射程	40000 米

K9 自行榴弹炮后方特写

武器构造

　　K9 自行榴弹炮的制式装备包括美国霍尼韦尔公司的模块式定向系统、自动火控系统、火炮俯仰驱动装置和炮塔回转系统。停车时，火炮可在 30 秒内开火，行军时可在 60 秒内开火。车内还装有三防系统、采暖设备、内 / 外部通信系统和人工灭火系统。乘员组为 5 人，即 1 名驾驶员和战斗乘员舱内的 4 名乘员（车长、炮长、炮长助手和装填手）。车长前上方装有 1 挺用于防空和自卫的 M2 式 12.7 毫米机枪（备弹 500 发），配有向后开启的单扇舱口盖。炮塔座圈载有 4 种 155 毫米弹丸，并装有 4 部独立操纵的电驱动装置，紧急情况下可手动操纵。K9 自行火炮的发动机为德国 MTU 公司的 MT881Ka500V8 水冷柴油机，在转速为 2700 转 / 分时，功率为 735 千瓦。

K9 自行榴弹炮示意图

性能解析

　　K9 自行榴弹炮是亚洲第一款采用 52 倍口径的自行火炮,以其优良的性能为韩国陆军在山地战场提供了有效的远程火力支援。该炮可发射所有北约制式 155 毫米弹药,包括杀伤爆破弹、杀伤爆破底排弹、火箭增程弹、子母弹、发烟弹、照明弹和化学弹等。此外,还可发射各种类型的全膛增程弹,包括底排型。

K9 自行榴弹炮前方特写

服役记录

　　K9 使韩国一举成为世界第二个、亚洲第一个装备 52 倍口径 155 毫米自行榴弹炮的国家。韩国组建了第一个炮兵营,包括 3 个炮兵连,每个连装备 6 门 K9 式自行榴弹炮。

K9 式自行榴弹炮齐射炮弹

10 秒速识

K9 自行火炮的炮塔和车体为钢装甲全焊接结构，车长和炮长位于炮塔右侧。炮塔顶部左侧装有间接射击瞄准镜。驾驶员位于车体前部左侧，发动机在右侧。油箱在车体右前方，蓄电池箱在左前方。底盘后部有一大舱门。

在泥地中行驶的 K9 式自行榴弹炮

日本 155 毫米 75 式自行榴弹炮

75 式自行榴弹炮（Type 75 self-propelled howitzer）是日本于 20 世纪 60 年代末开始研制的一款 155 毫米自行榴弹炮。

研发历史

75 式自行榴弹炮是由日本制钢公司和三菱重工于 20 世纪 60 年代后期研制的用以取代美制 M-44A1 式 155 毫米自行榴弹炮，车体由三菱重工生产、主炮和炮塔由日本制钢所研发生产，75 式自行榴弹炮于 1975 年定型生产，是日本陆上自卫队最重要的自行火炮之一。

基本参数	
口径	155 毫米
全长	6.63 米
全宽	3.07 米
全高	2.54 米
重量	25300 千克
最大速度	67 千米／时
最大射速	6 发／分
有效射程	19000 米

行驶中的75式自行榴弹炮

武器构造

75式自行榴弹炮的身管采用自紧工艺，炮塔为全密封式，配备有液压装置、炮弹装填系统、火控系统、三防设备、通信设备等。由于大量采用铝合金，因此重量较轻。1983年炮身改为采用欧洲FH70式加榴炮，大幅度增加了射程和威力。

75式自行榴弹炮侧方特写

性能解析

75式自行榴弹炮使用74式主战坦克使用的发动机，机动性强，能够对付突然出现的目标，配备有输弹机，射速快。采用全封闭结构，具有三防能力。

75 式自行榴弹炮侧前方特写

服役记录

75 式自行榴弹炮于 1978 年装备自卫队，主要装备日本陆上自卫队自行炮兵部队，全部 201 辆配备在北部方面队各师团特科连队。

展览中的 75 式自行榴弹炮

10 秒速识

75 式自行榴弹炮使用履带式专用底盘，车内有旋转式弹舱自动装弹。

75 式自行榴弹炮后方特写

日本 155 毫米 99 式自行榴弹炮

　　99 式自行火炮是日本研制的一款 155 毫米自行榴弹炮，现为日本陆上自卫队的主力自行火炮。

研发历史

　　99 式自行榴弹炮最初目标是沿用 75 式的 155 毫米自行火炮的进弹机构，但是有换装 39 倍径以上炮管、新型火控系统等要求。因此使用了 89 式装甲战斗车车体作为平台，车体三菱重工生产、主炮和炮塔日本制钢所研发生产。为了容纳日

基本参数	
口径	155 毫米
全长	11.3 米
全宽	3.2 米
全高	4.3 米
重量	40000 千克
最大速度	49.6 千米／时
最大射速	6 发／分
有效射程	40000 米

本制钢所设计的大型箱型炮塔，特意将 89 式装甲战斗车车体延长并增设一对路轮。由于追求与国际装备同级别的性能，加上法令限制无法外销 99 式与其他日本武器一样有着高昂造价的问题，一辆成本约 9.6 亿日元。

正在开火的 99 式自行榴弹炮

武器构造

99 式自行榴弹炮的车体前部左侧为动力舱，右侧为驾驶室，车体的中后部为战斗室。该炮后面有专门开发的 99 式弹药车，上面有全自动弹药补给系统，对接后即可自动向车内补充弹药，能够有效保持射速。

99 式自行榴弹炮前侧方特写

性能解析

99 式自行榴弹炮的火炮为 52 倍口径的长身管 155 毫米榴弹炮，带自动装弹机。99 式自行火炮的火控系统高度自动化，具有自动诊断和自动修复功能。尽管炮车上未安装 GPS 系统，但车上安装有惯性导航装置（INS），可以自动标定自身位置，并且可以和新型野战指挥系统共享信息。这样，从炮车进入阵地到发射第一发炮弹，仅需要 1 分钟的时间，便于采取"打了就跑"的战术。

99 式自行榴弹炮后侧方特写

服役记录

99 式自行榴弹炮目前配备在日本第 7 师团第 7 特科连队与第二师团第二特科联队的第 1 大队、第 2 大队。

展览中的 99 式自行榴弹炮

10 秒速识

99 式自行榴弹炮炮塔为铝合金装甲全焊接结构，炮塔后部右侧有一个突出的装甲壳体。

Chapter 03

迫击炮

　　迫击炮是一种炮身短、射角大、弹道弧线高、以座钣承受后坐力、采用炮口装填、发射带尾翼弹的曲射滑膛火炮。迫击炮自问世以来就一直是支援和伴随步兵作战的一种有效的压制兵器，是步兵极为重要的常规武器。

美国 60 毫米 M2 迫击炮

M2 迫击炮是美国于 20 世纪 30 年代研制的一款 60 毫米前装式迫击炮。

研发历史

20 世纪 20 年代末，为了进行新型步兵轻型支援武器测试，美国开始进行迫击炮规格审查。经过漫长的测试工作后，新型迫击炮于 1940 年 1 月交付美军服役。由于这是美国陆军采用的第二种迫击炮，因此正式代号为 M2 迫击炮。

M2 迫击炮是二战时美军的步兵排级支援武器，介于 82 毫米迫击炮与手榴弹间的火力空白地带，在战争中发挥了重要作用。

基本参数	
口径	60 毫米
炮管长	0.73 米
炮口初速	158 米 / 秒
重量	19.05 千克
最大射速	18 发 / 分
有效射程	1815 米
方向射界	14 度
高低射界	45 ～ 80 度

M2 迫击炮局部特写

　　M2 迫击炮由炮身、炮架、座板、瞄具组成，采用滑膛、炮口装填、撞击发射的设计，通常 1 门炮配 3 个人。

M2 迫击炮示意图

　　M2 迫击炮主要使用 M49A2 高爆弹、M302 白磷弹和 M83 照明弹，其中 M49A2 高爆弹对付步兵以及轻型目标用；M302 白磷弹可作为信号弹、烟幕弹、人员杀伤用；M83 照明弹夜间照明用。

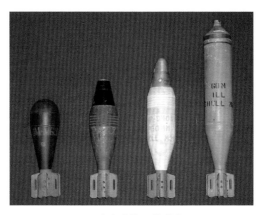

M2 迫击炮使用的弹药

服役记录

在二战中，M2 迫击炮被美国陆军步兵大量采用。二战后，美国陆军开始换装 M19 迫击炮，不过 M19 迫击炮的弹着精度被认为不如 M2 迫击炮，因此 M2 迫击炮一直留用到 20 世纪 80 年代，之后才被 M224 迫击炮取代。

M2 迫击炮及其他组件

10 秒速识

M2 迫击炮炮架为两脚架，座板为方形。

60mm Mortar M2

保存至今的 M2 迫击炮

美国 107 毫米 M30 迫击炮

M30 迫击炮是美国于 20 世纪 40 年代末研制的一款 107 毫米迫击炮。

研发历史

　　M30 迫击炮于 20 世纪 40 年代末开始研制，1951 年开始装备美军步兵营、机械化步兵营、坦克营、空中（装甲）骑兵营、空降营和海军陆战营，主要用于消灭敌人的有生力量，压制敌方炮兵和观察所，必要时施放烟幕和在夜战中发射照明弹。1964 年，美军还将该炮装在 M113 履带式装甲人员输送车上，定型为 M106A1 式 107 毫米自行迫击炮。

基本参数	
口径	107 毫米
炮管长	1.52 米
炮口初速	255 米／秒
重量	305 千克
最大射速	18 发／分
有效射程	6800 米
方向射界	360 度
高低射界	40 ～ 60 度

保存至今的 M30 迫击炮

武器构造

M30迫击炮炮管为膛线结构,炮架由高低机、方向机和反后座装置组成。炮架一端与炮身链接,另一端与横托架相连。弹簧式反后座装置安装在炮架下端,横托架一端与炮尾相连,另一端安装驻锄。座钣由内外两圈组成。该炮配用榴弹、发烟弹、照明弹,可发射化学弹。

M30 迫击炮示意图

性能解析

M30 迫击炮弹道性能好、命中精度高、杀伤威力大。M30 迫击炮可使用履带车车载，机动速度快、越野能力强。

M30 迫击炮侧方特写

服役记录

M30 迫击炮是美国陆军在冷战期间的重要迫击炮，除美国外，还装备了奥地利、加拿大、伊朗、黎巴嫩等十几个国家。

士兵正在使用 M30 迫击炮

10 秒速识

M30 迫击炮的炮管为线膛，但口部光滑。炮架为单腿式，下连弹簧式反后坐装置，形状类似基座，与炮身连接处有横托架。座板为圆形，由内外围组成，外圈设有两个提把。

4.2" MORTAR

保存在博物馆中的 M30 迫击炮

美国 120 毫米 M120 迫击炮

M120 迫击炮（M120 mortar）是以色列索尔塔姆系统公司研制的一款 120 毫米口径的重型迫击炮。

研发历史

M120 迫击炮由以色列索尔塔姆系统公司研制，公司编号为 K6，M120 为美国陆军编号。其主要用途是为机动部队指挥官提供基本的间瞄火力支援能力。

基本参数	
口径	120 毫米
炮管长	1.73 米
重量	144 千克
最大射速	16 发 / 分
有效射程	7240 米

士兵正在使用 M120 迫击炮

武器构造

M120 迫击炮是一种传统的滑膛迫击炮，采用前装式设计。该迫击炮采用模块化结构，主要由以下部件构成：M298 型炮管（50 千克）、M191 型双脚架（32 千克）、M9 型底座（62 千克）。

M120 迫击炮发射瞬间

性能解析

M120 迫击炮可以发射 M30 迫击炮弹、M333 高爆榴弹、M329 烟幕弹等多种弹药。与美国陆军此前装备的 107 毫米重型迫击炮系统相比，M120 迫击炮的射程更远、杀伤力更大、安全性更高。

以色列士兵与 M120 迫击炮（K6）

服役记录

M120 迫击炮最初于 1991 年 9 月部署到了华盛顿的路易斯堡。该炮现在已在机械化步兵部队、摩托化部队、装甲部队和骑兵部队替代了 107 毫米迫击炮。

M120 迫击炮发射时产生的火焰

10 秒速识

M120 迫击炮采用牵引而 M121 式迫击炮则采用车载，能够发射美国生产的各种增强型弹药。

M120 迫击炮准备发射

美国 60 毫米 M224 迫击炮

M224 迫击炮是美国于 20 世纪 70 年代研制的一款 60 毫米前装式迫击炮。

研发历史

M224 迫击炮是根据 81 毫米中型迫击炮的战斗使用经验研制而成，主要是为了替换二战中所使用的 M2、M19 等老旧型号。该炮于 1972 年 4 月完成工程试验，1977 年 7 月定型并命名为 M224 迫击炮。1978 年开始生产，为了提高使用灵活性，美国陆军在设计生产 M224 迫击炮的同时，还设计了单兵手提型，采用了 M8 式矩形座板，没有双脚架，全重仅为 7.8 千克，最大射程为 1 千米。

基本参数	
口径	60 毫米
炮管长	1 米
炮口初速	237.7 米／秒
重量	21.1 千克
最大射速	30 发／分
有效射程	3490 米
方向射界	360 度
高低射界	30 ～ 80 度

士兵正在使用 M224 迫击炮

武器构造

M224 迫击炮由炮身、炮架、座板、瞄具 4 部分组成的，还配备了激光测距仪和迫击炮计算器。整个 M224 系统由 M225 型炮身、M170 型炮架、M7 型座板，以及 M64A1 型光学瞄准系统组成。M224 迫击炮可以在支座或单手持握两种状态下使用，握把上还附有扳机，当发射角度太小，依靠炮弹自身重量无法触发引信时就可以使用扳机来发射炮弹。

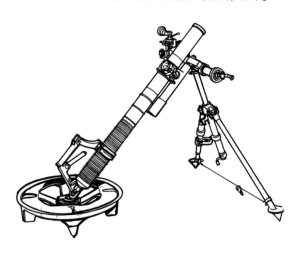

M224 迫击炮示意图

性能解析

M224 迫击炮机结构简单、性能可靠，是美国陆军最新型的小口径迫击炮之一，适于在山地和野外环境下作战。M224 迫击炮可使用旧型号的炮弹，能发射照明弹，在夜间作战时为部队提供光源，或是红外线照明弹，提供只能被夜视设备观察到的光源。

士兵正在指导发射 M224 迫击炮

衍生型号

型 号	特 点
M224	基本型
M224A1	减少组件的数量和使用较轻的材料

M224 迫击炮发射瞬间

服役记录

1979 年 M224 迫击炮大量装备美军步兵连、空中突击连和空降步兵连。

美军士兵正在为 M224 迫击炮装弹

10 秒速识

M224 迫击炮身管后半部有散热螺纹，前半部光滑；采用两脚架，中心连杆与通过较长的横托架与炮身相连。

美军士兵察看 M224 迫击炮小队的光学瞄准具

美国 81 毫米 M252 迫击炮

M252 迫击炮是在英国 L16 迫击炮基础上改进而成的一款 81 毫米迫击炮。

研发历史

M252 迫击炮于 1983 年由英国为美国完成研制工作，计划装备快速部署部队和其他高机动部队，包括步兵营、空降营和海军陆战营，为其提供近接支援人力。1987 年装备美军，用以取代 107 毫米 M30 重型迫击炮。美国海军陆战队计划将其装载于 LAV－M 装甲运输车上改作自行炮，装备陆战队各轻坦克营（每营配属炮 8 门）。

基本参数	
口径	81 毫米
炮管长	1.27 米
炮口初速	250 米／秒
重量	41.3 千克
最大射速	30 发／分
有效射程	5935 米
方向射界	5.6 度
高低射界	45～85 度

美军士兵正在使用 M252 迫击炮

⬛⬛⬛⭐▷ 武器构造

M252 迫击炮由炮身、座板和炮架三大部件组成，它在英国 L16 迫击炮上加装了炮口超压衰减装置。M252 迫击炮在行军时可分解为三大件，以人力驮载。

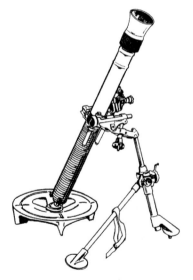

M252 迫击炮示意图

▎▎▎▶ 性能解析

M252 迫击炮配用英制榴弹和新型迫击炮计算器，可发射榴弹、发烟弹和照明弹等，发射 L15A3 榴弹时的初速为 250 米 / 秒。

M252 迫击炮发射瞬间

▎▎▎▶ 服役记录

在海湾战争、阿富汗战争和伊拉克战争中，美军曾大量使用 M252 迫击炮。现该炮主要装备美军步兵营、空中机动营、空降营之迫击炮排，每排装备迫击炮 6 门。

部署在战场的 M252 迫击炮

M252 迫击炮炮身采用高强度合金钢整体锻造，特种钢制 K 形支架，炮身后半部有螺纹状散热片，前半部光滑。

士兵小组正在使用 M252 迫击炮

美国"龙火"迫击炮

　　"龙火"（Dragon Fire）迫击炮是美国于 20 世纪末开始研制的一款
120 毫米迫击炮

研发历史

　　2000 年 2 月，EFSS 项目按照"模块
化的、可遥控的新型 120 毫米迫击炮系统"

基本参数	
口径	120 毫米
最大射速	10 发／分
有效射程	8200 米

的开发目标加快推进。联合研制小组选择法德合资 TDA 公司研制的 2R2M
式炮尾装填线膛迫击炮作为系统的战斗部分，正式项目名称定为"龙火"。

美国士兵与"龙火"迫击炮

武器构造

　　"龙火"迫击炮是一个完全模块化的系统。它可以安装到 LAV-25 轮式步兵战车底盘或者"悍马"高机动车上，也可作为牵引火炮使用。"龙火"装置了火炮战术数据系统、射击指挥系统、目标定位系统和车载导航/瞄准系统，实现了自动化指挥，战术灵活性和适用性

"龙火"迫击炮装备的弹药

很好。它可由 CH-53E 直升机和 MV-22 倾转旋翼机运载。着陆后，炮手在不到一分钟之内就能使"龙火"迫击炮转入战斗状态。只要地形相对平坦，士兵就可充分利用"龙火"的弹道计算机系统的先进功能，结合车载陀螺仪来稳定它。

性能解析

　　"龙火"可能会成为第一种具备行进间射击能力的非炮塔式自行迫击炮。这意味着一线部队可以随时召唤"龙火"迫击炮的火力支援，大大提高陆战部队的"战场通过能力"。"龙火"从接到射击指令到定位、瞄准、射击，仅用 12 秒，而普通迫击炮要用几分钟。

"龙火"迫击炮进行装弹

▐▐▐▐▌▷ 服役记录

　　美国海军陆战队于 1996 年订购了 1 门"龙火"用于性能评估，并根据评估结果对这种线膛迫击炮采取了改进措施。"龙火"于 2006 年正式装备美国海军陆战队。

美国海军陆战队成员正在使用"龙火"迫击炮

▐▐▐▐▌▷ 10 秒速识

　　"龙火"迫击炮由位于一定距离上的单兵遥控发射，也可根据射击指令信号自动授权、计算射击诸元、瞄准、装填弹药和击发。

运输中的"龙火"迫击炮

苏联 120 毫米 M1938 迫击炮

　　M1938 迫击炮是苏联于 20 世纪 30 年代后期研制的一款 120 毫米重型迫击炮。

研发历史

　　二战初期，大部分国家只采用了 82 毫米的轻型迫击炮。不过，苏联认为像这样便宜又强大的武器应该有更多样化的口径，最后他们采用了 120 毫米和 160 毫米的设计。其中，120 毫米口径的迫击炮非常成功，被称为 M1938 重型迫击炮。

基本参数	
口径	120 毫米
炮管长	1.86 米
炮口初速	272 米 / 秒
重量	280 千克
最大射速	10 发 / 分
有效射程	6000 米
方向射界	12 度
高低射界	45 ～ 80 度

M1938 迫击炮由法国 1935 式 120 毫米迫击炮改进而来，堪称世界上第一种现代化的迫击炮。该炮还是苏军伞兵和游击队唯一的重型武器，实用价值极高。

M1938 迫击炮局部特写

武器构造

　　M1938 迫击炮使用了 3 个主要部件来减轻重量，其底座的设计尤为精巧，其重量正好是步兵人力能接受的范围内，是 122 毫米口径火炮的 1/22。

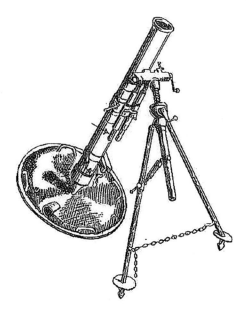

M1938 迫击炮示意图

性能解析

M1938 迫击炮让苏军以有限的资源集中火力，具有重要的战略价值。由于其具有高射速和攻击隐藏目标的能力，使其成为有效对付敌方人员的武器。由于性能出色，德军在缴获 M1938 迫击炮后不通过任何改造便可以直接使用。

保存至今的 M1938 迫击炮

服役记录

M1938 迫击炮是二战时期苏联步兵的支柱武器，也是到现在都没被修改过的少数武器之一，二战后在一些国家中持续使用至 20 世纪 60 年代。

M1938 迫击炮前侧方特写

10 秒速识

M1938 迫击炮口径大、重量轻是它的标志性特征。

展览中的 M1938 迫击炮

苏联 82 毫米 2B9 迫击炮

2B9 迫击炮是苏联于 20 世纪 60 年代研制的一款 82 毫米迫击炮，其昵称为"矢车菊"（Vasilek）。

研发历史

1946 年，苏军提出了发展一种具有极高爆发射速的概念火炮，研制工作由设计师维克多·菲利波夫主持。1959 年，第一门原型自动速射迫击炮通过工程鉴定，但最终因为某些原因被搁置。到了 20 世纪 60 年代后期，苏军大量装备的二

基本参数	
口径	82 毫米
炮管长	1.58 米
炮口初速	270 米／秒
重量	632 千克
最大射速	30 发／分
有效射程	4720 米
方向射界	60 度
高低射界	−1～85 度

战时期研制的 M1943 式 120 毫米迫击炮已经陈旧不堪，急需一种换代产品。鉴于苏军早已实现全军机械化，因而苏军装备论证部门认为步兵分队有能力装备更重一些、火力更猛一些的火炮。于是，被搁置的菲利波夫自动速射迫击炮方案被军方重新提上议事日程。1967 年得以恢复研制，1970 年正式定型，被命名为 2B9 速射迫击炮，绰号"矢车菊"。

2B9 迫击炮局部特写

武器构造

　　2B9 迫击炮由自动机部分（炮闩、液压缓冲器、解脱装置、输弹机、分离装置、再装填装置、紧定机构等）、上架部分（方向机、高低机、平衡机、调节机等）、行走部分（下架、大架、锁定装置、千斤顶、减震装置等）等组成。该炮采用弹匣自动供弹，4 发炮弹的弹匣装入身管右侧靠近炮耳轴处的输弹槽，炮弹自动输入炮膛。设有单、连发转换装置，每门炮配有 24 个可联装的 4 发弹匣装置。

2B9 迫击炮局部特写

性能解析

2B9 迫击炮只能牵引或车载化，可由 2 吨的嘎斯 –66 卡车、BTP–60 或 BTP–70 装甲人员输送车来载运。发射时自动从车上卸下，在地面发射；发射后再用机械装到车上，以便迅速转移到另一射击位置。2B9 迫击炮的缺点在于系统重量大、弹丸威力小、精度差散布大、射程近等。

2B9 迫击炮前方特写

服役记录

1973 年，2B9 迫击炮编入了一些苏军摩步团进行试验，随后开始以连为单位大规模装备苏军负有山地作战任务的摩步团和装甲输送车摩步营。1984 年开始装备波兰等华约国家，并被一些国家仿制。

2B9 迫击炮后侧方特写

10 秒速识

　　在结构方面，2B9 迫击炮从炮尾装填，取消了座板，带有反后坐装置，还有一个与牵引火炮相同的大架和双轮炮车，外形酷似榴弹炮。

2B9 迫击炮

俄罗斯 120 毫米 2S9 自行迫击炮

2S9 是苏联于 20 世纪 70 年代研制的一种可用于空降的 120 毫米自行迫击炮。

研发历史

2S9 自行迫击炮于 20 世纪 70 年代后期研制，是 BMD 的衍生型，1979 年开始批量生产并一直持续到 1989 年。该车首次出现于 1985 年，到目前为止虽然从未公布生产数量，但推测应在 1000 辆以上。目前，2S9 自行迫击炮是俄罗斯空降兵的标准装备。

基本参数	
口径	120 毫米
全长	6.02 米
全宽	2.63 米
全高	2.3 米
炮口初速	270 米／秒
重量	8700 千克
最大速度	60 千米／时
最大射速	10 发／分
有效射程	12800 米

2S9 自行迫击炮侧方特写

▌▌▌▷ 武器构造

　　2S9 自行迫击炮车体结构上可分成指挥舱、战斗舱和动力舱三个区段。指挥舱位于车体前段、炮塔之前的位置，驾驶员和车长乘坐于此，并分别配有 3 具潜望镜，车长另配置通信和导航装备。中央段为战斗舱和炮塔，炮手和装填手分置在左右两侧，炮塔底部为装有 60 枚炮弹的弹药箱。后段的动力舱配有 1 台 5D20 柴油发动机，最大输出功率为 224 千瓦，机动性优于大多数主战坦克。承载系统与 BMD 空降战斗车相同，采用扭力杆承载系统，但路轮数量由 5 对增至 6 对。底盘距地高度可在 100 ~ 450 毫米调整，方便空降作业。2S9 自行火炮具备基本两栖操作能力，入水后可利用喷水系统前进。

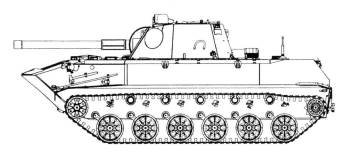

2S9 自行迫击炮示意图

性能解析

　　由于重量较轻，2S9 自行迫击炮可以利用任何一种型号的俄制中型运输机（如 An–22）或重型运输机（如 Il–76）运载，并通过 PRSM–915 重型空投缓降系统（操作高度 300 至 1500 米）进行空降。2S9 自行火炮的主炮为 1 门 2A60 120 毫米后膛装填式迫击炮，具有极为少见的间断式螺旋炮闩机构。使用的弹药依间接或直接射击方式可分为两大类：间接射击时可选用高爆炮弹、白磷弹和烟幕弹等弹种，发射高爆弹时最大射程 8855 米，若使用火箭助推炮弹时最大射程可达 12.8 千米；直接射击时使用反坦克高爆弹，可击穿 600 毫米均质钢板。

2S9 自行迫击炮前侧方特写

衍生型号

型　号	特　点
2S23	自行迫榴炮衍生型
2B16	自行反坦克炮衍生型
2S31	自行迫榴炮衍生型

展览中的 2S9 自行迫击炮

服役记录

除了俄罗斯空降突击师外，少数陆军部队和海军步兵也有部署 2S9 自行迫击炮，2S9 曾参与阿富汗战争，具体生产数量未知。

2S9 自行迫击炮局部特写

10 秒速识

2S9 自行迫击炮以加长型 BMD 空降战斗车为底盘，车体和炮塔由钢板焊接而成。

保存至今的 2S9 自行迫击炮

德国 81 毫米 GrW 34 迫击炮

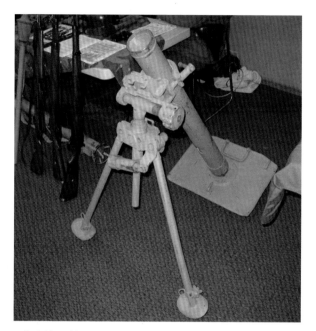

GrW 34 迫击炮是德国于 20 世纪 30 年代初研制的一款 81 毫米迫击炮。

研发历史

1922 年，德国莱茵金属公司开始研制 GrW 34 迫击炮，设计过程中参考了法国生产的 81.4 毫米迫击炮。它的生产过程一直进行到 1945 年，可以发射 3.5 千克重的高爆榴弹或是烟幕弹。二战爆发时一共生产了 4624 门。到二战结束，GrW 34 迫击炮共生产了 71630 门。当装载在车辆底盘上时（如 Sd.Kfz. 250/2），该炮则改称 GrW 67。

基本参数	
口径	81 毫米
炮管长	1.14 米
炮口初速	174 米／秒
重量	62 千克
最大射速	25 发／分
有效射程	2400 米
方向射界	10～23 度
高低射界	45～90 度

保存在博物馆中的 GrW 34 迫击炮

武器构造

GrW 34 迫击炮单兵携带时，可以分解为炮筒、底座和支架三个部分。工作时，不含发射药的炮弹存于弹筒内；发射药包为模块式，形状为扁平有一开口的环形。使用时安装在炮弹尾部弹翼前端。药包燃烧产生的火药燃气推动弹丸飞离炮口，同时根据装药量和身管仰角决定弹丸射程。

GrW 34 迫击炮示意图

性能解析

　　GrW 34 迫击炮的射速和射程都较为优秀，在训练有素的士兵手中可以发挥出更大的威力。正常情况下该炮的射程约 1 千米，给炮弹加装了 3 组额外的发射药后可使其射程提升至 2.4 千米。

GrW 34 迫击炮上方视角

服役记录

　　GrW 34 迫击炮被德国士兵广泛应用于二战中，随后根据 GrW 34 迫击炮产生了改进型 GrW 42 型 81 毫米迫击炮。

装备德国的 GrW 34 迫击炮

▌▌▌▌◈ **10 秒速识**

GrW 34 迫击炮的身管长 114.3 厘米，采用钢制身管时总重 62 千克，采用合金身管时总重 57 千克。发射药包为模块式，形状为扁平有一开口的环形。

GrW 34 迫击炮

英国 81 毫米 L16 迫击炮

L16 迫击炮是英国于 20 世纪 50 年代研制的一款 81 毫米口径迫击炮。

研发历史

英国陆军于 20 世纪 50 年代中期开始研制一种新型中型迫击炮用于支援步兵作战，1961 年 2 月进行部队试用，后由英国皇家兵工厂生产。在英国陆军中，L16 迫击炮主要装备步兵营和机械化步兵营，每营配备 8 门。

基本参数	
口径	81 毫米
炮管长	1.28 米
炮口初速	225 米／秒
重量	35.3 千克
最大射速	20 发／分
有效射程	5650 米
方向射界	11 度
高低射界	45～85 度

L16 迫击炮进行组装流程

武器构造

在行军时，L16 迫击炮可在 FV432 履带式装甲人员输送车上运载或发射。徒步行军时全炮可分解为三件，由士兵背负。该炮可发射配有毫米波寻的头的"灰背隼"反装甲制导炮弹。

L16 迫击炮及配件

性能解析

　　L16 迫击炮的射程较远，且射速高、精度好，具有较大的杀伤威力和持续战斗能力。全炮重量仅 35.3 千克，便于人员携带和行军。

士兵正在使用 L16 迫击炮

衍生型号

型　号	特　点
L16	基本型
M252	美国改进型

英国士兵与 L16 迫击炮

服役记录

　　L16 迫击炮曾在 1982 年的英阿马岛战争中使用过，主要用来支援步兵和机械化步兵作战。除英军外，美国、奥地利、加拿大、印度、马来西亚、挪威、也门、日本等国的军队有装备，其中美国陆军定型为 M252。

英国陆军使用 L16 迫击炮进行实弹训练

10 秒速识

　　L16 迫击炮的炮管尾部直径缩小，炮管下半部外表刻有散热螺纹，炮口处装有内锥形套圈，便于装填炮弹，但尺寸较美国引进改制的 M252 要小。炮架采用 L4 式 K 形两脚架，用特种钢制造，携带时可折叠。座板由铝合金锻造而成，背面有 4 条加强筋。

L16 迫击炮发射时产生的火焰

英国 51 毫米 L9A1 迫击炮

L9A1 迫击炮是英国于 20 世纪 60 年代研制的一款 51 毫米迫击炮。

研发历史

20 世纪 60 年代后期，英国开始研制 L9A1 迫击炮，其设计目的主要是为了代替老式的 51 毫米迫击炮。1969 年由皇家武器研究与发展院负责设计，皇家兵工厂生产制造。1979 年 12 月英国陆军对其进行试验，1981 年经批准进行试生产。2010 年年初，英国陆军决定引入 60 毫米迫击炮以替代原有的 L9A1 迫击炮。

基本参数	
口径	51 毫米
炮管长	0.75 米
炮口初速	103 米／秒
重量	6.28 千克
最大射速	8 发／分
有效射程	800 米
方向射界	360 度
高低射界	0～80 度

士兵对 L9A1 迫击炮进行装弹

武器构造

    L9A1 迫击炮由炮身、座板和瞄准具三大部件组成，配有背带，可单兵携行。该炮还配有一根击针接杆，平时安装在炮口帽内，使用时将其从炮口插入身管与击针相接，可使炮弹在未落到炮管底部时便击发，因而使药室容积增大，膛压减小，炮弹在膛内行程缩短，可使炮弹的最小射程达到50 米。瞄准具由气泡水准仪和直接指示分划盘组成，为便于夜间使用，还装有氙照明装置。

英国士兵正在使用 L9A1 迫击炮

▌▌▌▶ 性能解析

    L9A1 迫击炮使用的弹种多，适用范围广，可发射 L1A1 式榴弹、L2A1 式发烟弹和 L3A2 式照明弹等。L9A1 迫击炮比英国陆军的老式 51 毫米迫击炮射程增大 1 倍，杀伤威力大幅增加，射击精度也较高，试验中曾连续有 5 发弹落在目标区 10 米范围以内。

发射弹药的 L9A1 迫击炮

▌▌▌▶ 服役记录

    L9A1 迫击炮于 1983 年装备英国陆军，主要装备连、排分队，用于杀伤有生力量。

装备英国军队的 L9A1 迫击炮

10 秒速识

L9A1 迫击炮炮管由钢制成，使用 4 个弹簧固定在炮尾上，炮尾安装有击针、击针套筒和拉火柄。炮口略呈喇叭形，座板尺寸不大，为长方形。

法国 120 毫米 MO-120-RT-61 迫击炮

MO-120- RT-61 迫击炮是法国汤姆逊 – 布朗军械公司研制的一款 120 毫米迫击炮。

研发历史

MO-120- RT-61 迫击炮是由法国汤姆逊 – 布朗军械公司于 20 世纪 60 年代开始研制一种大口径牵引式线膛迫击炮，用于为步兵提供直接火力支援及伴随空降兵作战，MO-120- RT-61 是一种设计独特、构造复杂的现代迫击炮，1973 年开始生产。

基本参数	
口径	120 毫米
炮管长	2.8 米
炮口初速	365 米／秒
重量	582 千克
最大射速	10 发／分
有效射程	8140 米
方向射界	14 度
高低射界	30 ～ 85 度

MO-120- RT-61 迫击炮及运输车

▎▎▎▶ 武器构造

MO-120- RT-61 迫击炮身管为线膛结构，身管外部有螺旋纹，不仅可以用来精确调整火炮射角，同时还能增加身管的散热面积。采用击针室密封，射击时排气孔可防止沙尘进入炮膛。它有迫击和拉火两种方式击发。

装备法国军队的 MO-120-RT-61 迫击炮

▎▎▎▶ 性能解析

MO-120-RT-61 迫击炮具有射程远、精度高、威力大、重量轻等特点，发射榴弹时射程为 8140 米，发射火箭增程弹时达 12850 米。该炮的缺点是结构较为复杂，且不能直接瞄准。

由直升机运输的 MO-120- RT-61 迫击炮

服役记录

20 世纪 70 年代中期，MO-120-RT-61 迫击炮开始装备法国部队。除法国陆军和法国海军陆战队采用外，荷兰海军陆战队和日本水陆机动团也有装备。此外，美国、土耳其、比利时和巴西等国也有进口。

士兵正在使用 MO-120-RT-61 迫击炮

10 秒速识

MO-120-RT-61 迫击炮炮管内有 40 条右旋等齐膛线，炮管外部刻有散热螺纹。炮架分为摇架和下架，下架置于车轴双轮运动体上。

MO-120-RT-61 迫击炮进行装弹

日本 120 毫米 96 式自行迫击炮

96 式自行迫击炮（Type 96 self-propelled Mortar）是日本于 20 世纪 90 年代研制的一款 120 毫米自行迫击炮。

研发历史

20 世纪 90 年代初期，日本军方感到 60 式自行迫击炮的性能已经落后，于是从 1992 年起开始着手新型自行迫击炮的研制 工作。96 式自行迫击炮是由日本丰和工业 公司和日立制作所于 1992 年开始共同研

基本参数	
口径	120 毫米
全长	6.7 米
全宽	2.99 米
全高	2.95 米
重量	23500 千克
最大速度	50 千米／时
最大行程	300 千米

发，1996 年定型为 96 式 120 毫米自行迫击炮。96 式 120 毫米自行迫击炮 （简称"120MSP"）是在原 73 式车的车体上面装载了法国制造的 M0-120- RT-61 迫击炮制造而成，日本陆上自卫队称其为"上帝铁锤"。

正在开火的 96 式自行迫击炮

武器构造

96 式自行迫击炮使用 73 式牵引车,车体后部搭载 1 门法国授权丰和工业生产的 120 毫米 RT 迫击炮。迫击炮发射时上部及后部车门可以打开,以便向车后方向发射。为了搭载炮体,发动机被移到前方。

96 式自行迫击炮特写

性能解析

96 式自行迫击炮所配用的弹种有榴弹、照明弹、烟幕弹、预制破片弹、火箭增程弹等,发射榴弹时的最大射程为 8.1 千米,最小射程为 1.1 千米,发射火箭增程弹时的最大射程达 13 千米。最大射速为 20 发 / 分,持续射速为 6 发 / 分。96 式自行迫击炮的瞄准装置较为简单,仅有 1 具分划式瞄准镜,可以进行概略瞄准。

行驶中的 96 式自行迫击炮

服役记录

按照日本陆上自卫队的 " 中期防卫力整备计划 "(1996–2000 年)，日本陆上自卫队于 1996 年采购 6 辆 96 式自行迫击炮，1997 年采购 6 辆，1998 年采购 3 辆，2000 年采购 3 辆。截至 2000 年年底，日军已拥有 21 辆 96 式 120 毫米自行迫击炮。至 2013 年该型自行迫击炮总产量为 24 辆。

96 式自行迫击炮后侧方特写

10 秒速识

96 式自行迫击炮的外观类似大型装甲运兵车，移动时 120 毫米迫击炮完全在装甲覆盖保护之下。

96式自行迫击炮前侧方特写

Chapter 04

火箭炮

　　火箭炮出现于二战之中，是一种可以发射多管火箭的炮兵武器，具有重量轻、火力强、射程远等优点。火箭炮通常为多管联装，是炮兵的主要火力压制武器之一，用于压制有生力量、技术兵器、集群坦克、装甲车辆和待机地段的直升机群。

美国 114 毫米 T34 多管火箭炮

T34 火箭炮是二战时期美国陆军装在 M4"谢尔曼"坦克上的多管火箭炮，绰号"风琴"（Calliope）。

研发历史

T34 火箭炮于 1943 年研发，也音译为"卡利俄佩"。同年开始装备美国陆军，包括 1944 年 8 月法国战场上的美军第 2 装甲师。在诺曼底登陆战役后，T34 火箭炮广泛用于战场，取得了相当大的战果。

基本参数	
口径	114 毫米
全长	5.84 米
全宽	2.62 米
全高	3.24 米
重量	31135 千克
最大速度	48 千米／时
最大行程	193 千米
有效射程	4.8 千米

T34 多管火箭炮前方特写

武器构造

　　T34 火箭炮口径为 114 毫米，有 36 ～ 60 支炮管。整车显得特别高大，不过在战时不用大的改装便能制成。

T34 火箭炮示意图

性能解析

　　T34 火箭炮在二战时主要用于二线作为火力支援武器，发射筒长度为 2286 毫米，发射总成的重量为 834.6 千克。发射 M8 型火箭弹时的最大射程为 3840 米，到了二战后期改用旋转稳定式的 M16 火箭弹，最大射程达到 4800 米。

T34 火箭炮前侧方特写

衍生型号

型　号	特　点
T34	114 毫米火箭，36 管在炮架顶部，12 管在炮架底部
T34E1	炮架底部由 12 管改为 14 管
T34E2	改为 183 毫米火箭，增至 60 管

正在开火的 T34 火箭炮

服役记录

1944 年 8 月法国战场上的美军第 2 装甲师装备了 T34 火箭炮，二战后期 T34 火箭炮发挥了重要作用，尤其是在诺曼底登陆战役后，这种自行火箭炮在欧洲战场上取得了相当大的战果。

经过简单伪装后的 T34 火箭炮

10 秒速识

T34 火箭炮以 M4 "谢尔曼" 中型坦克为底盘，炮塔顶部有 4 排共 60 个火箭发射管。

正在装弹的 T34 火箭炮

美国 227 毫米 M270 自行火箭炮

M270 火箭炮是美国于 20 世纪 70 年代研制的一款自行火箭炮。

研发历史

M270 火箭炮由美国沃特公司设计和
生产，20 世纪 70 年代开始研制。1983
年 5 月，法国、德国、英国、意大利与美
国达成协议，五国将共同生产 M270 火箭
炮，作为北约的制式武器，称为"多管火
箭发射系统"（Multiple Launch Rocket
System，MLRS）。美国与欧洲诸国总

基本参数	
口径	227 毫米
全长	6.85 米
全宽	2.97 米
全高	2.59 米
重量	24950 千克
最大速度	64.3 千米／时
最大行程	640 千米
有效射程	300 千米

共生产了约 1300 套的 M270 与约 700000 支火箭。2006 年，M270 火箭
炮升级至能够发射导弹。由于伊拉克战争爆发，使其需求大增，第一阶段
的单一导弹测试提早于该年 3 月完成。

正在开火的 M270 自行火箭炮

▷ 武器构造

　　M270 火箭炮是基于原有的综合支援火箭系统而设计的，常常被称为
"M270 机 动 式 火 箭 炮"（Self-propelled Loader/Launcher，SPLL），
M270 系统采用了全新的火控和配属管制系统，其火控系统主要由火控装置、
遥控发射装置、稳定基准装置、电子装置和火控面板五大部分组成。其配
属管制系统由先进的硬件系统和高效率的"软件系统"（即管制人员和配属
设备）组成，M270 系统采用了 BCS 班用计算机系统。

M270 自行火箭炮示意图

性能解析

　　M270 火箭炮很适合使用打带跑战术：在发射火箭之后，迅速转移阵地，以避免受到炮火反击。M270 火箭炮能够于 40 秒内全数射出总共 12 枚火箭或 2 枚 ATACMS 导弹，而这 12 枚火箭能够完全轰击 1 平方千米的范围，效果雷同集束炸弹。M270 火箭炮以其优越的作战性能、合理的作战编制、高效的勤务保障和火力支援的强劲而深受大部分国家军队的青睐。由于 M270 火箭炮采用了更先进的侦察手段、配备了更多的战场信息反馈手段和具备充分单位作战能力，在综合作战能力上，以战场火力支援和加强为主的 M270 系统成为北约各国支援火力方面的主力列装武器。

M270 自行火箭炮后侧方特写

衍生型号

型 号	特 点
M270 IPDS	用于测试发射 ATACMS 导弹
M270A1	升级了火控系统和发射机构等
M270B1	英国陆军的改进型号

M270 火箭炮前侧方特写

服役记录

　　M270 火箭炮现在已经装备了日本、韩国、泰国、新西兰、澳大利亚、荷兰、希腊、沙特阿拉伯、土耳其和以色列等国。在海湾战争中，M270 火箭炮作为"多国部队"中美英部队的主力作战火力支援系统出现在海湾前线，共有 183 门 M270 火箭炮参加作战，总发射量达到 19600 枚。

M270 火箭炮编队齐射

10 秒速识

　　M270 火箭炮由 M933 型运载车作为其作战载体，运载车外观上像一种加长型的"布雷德利"步兵战车，其车体 80% 为通用部件，驾驶舱采用铝装甲结构。

M270 火箭炮发射轨迹

美国 227 毫米 M142 自行火箭炮

M142 是美国于 21 世纪初开始研制的一款自行火箭炮，正式名称为 M142 高机动性炮兵火箭系统（High Mobility Artillery Rocket System，HIMARS，音译为"海马斯"）。

研发历史

M142 "海马斯"于 2002 年结束工程研制，2003 年 4 月，洛克希德·马丁公司得到一份小批量试生产合同。2004 年 11 月，M142 "海马斯"成功完成了大量作战试验，发射了所有类型的火箭弹并在作战环境中发射了大量训练火箭弹。

基本参数	
口径	227 毫米
全长	7 米
全宽	2.4 米
全高	3.2 米
重量	10900 千克
最大速度	85 千米／时
最大行程	480 千米
有效射程	300 千米

2005 年 1 月，洛克希德·马丁公司赢得了一份价值 1 亿美元的合同，继续进行 M142 "海马斯"第三阶段低速试生产工作，以满足美国海军陆战队和美国陆军的需求。2006 年，M142 "海马斯"形成初始作战能力，主要担负为早期进入战区的应急作战部队以及轻型师、空降师和空中突击师等提供火力支援的任务。

M142 自行火箭炮后侧方特写

武器构造

　　M142 是 M270 系统的轮式发射车版本，主要由 M270 火箭炮的一组六联装定向器、M1083 系列 5 吨级中型（6×6）战术车辆底盘、火控系统和自动装填装置组成，其火控系统、电子和通信设备均可与目前的美国 M270A1 多管火箭炮通用，乘员及其训练相同。战术车辆底盘后部安装了 1 个发射架，发射架上既可装配 1 个装有 6 发火箭弹的发射箱，也可以装配 1 个能装载和发射 1 枚陆军战术导弹的发射箱。

M142 自行火箭炮模型图

性能解析

M142 自行火箭炮具有机动性能高、火力性能强、通用性能好等特点，能为部队提供 24 小时全天候的支援火力，不仅可以发射普通火箭弹，也可以发射 GMLRS 制导火箭弹和"陆军战术导弹系统"，具备打击 300 千米以外目标的能力。M142 自行火箭炮在设计上具有很强的通用性，发射弹药通用性强，可携带 6 枚火箭弹或 1 枚"陆军战术导弹系统"，能够发射目前和未来多管火箭炮系统的所有火箭和导弹。M142 自行火箭炮的公路行驶速度也较高，并降低了生产、使用与维修保养费用。

行驶中的 M142 自行火箭炮

服役记录

M142 自行火箭炮在研制结束时有 3 门样炮编入第 18 空降军属炮兵旅，并在伊拉克战争中试用，为轻型机动作战部队提供火力支援，成功地完成了许多重大的火力支援任务。2007 年 9 月，新加坡军队提出购买 M142 火箭炮的计划。2009 年，新加坡提出的购买计划合同正式交付新加坡军队使用。2011 年 5 月新加坡第 23 营炮兵利用 GPS 进行精确打击演习，这也是第一个采取 GPS 进行非制导火箭进行精确打击的实例。

正在开火的 M142 自行火箭炮

10 秒速识

　　M142 自行火箭炮以 5 吨中型战术卡车为底盘，战术车辆底盘后部安装了 1 个发射架，发射架上既可装配 1 个装有 6 发火箭弹的发射箱，也可以装配 1 个能装载和发射 1 枚陆军战术导弹的发射箱。

沙漠迷彩涂装的 M142 自行火箭炮

苏联 132 毫米 BM-13 自行火箭炮

BM-13 火箭炮是苏联于 20 世纪 30 年代研制的一款自行火箭炮，昵称"喀秋莎"（Katyusha）。

研发历史

1933 年，苏联成立火箭研究所，研制陆军和空军使用的火箭弹。1938 年，苏军的歼击机、强击机、轰炸机配备了 82 毫米和 132 毫米航空火箭弹。1938 年，火箭研究所改为苏联弹药人民委员会第三研究所，除航空火箭弹和多管火箭炮外，

基本参数	
口径	132 毫米
全长	7.5 米
全宽	2.3 米
全高	3.19 米
重量	5730 千克
最大速度	50 千米／时
最大行程	180 千米
有效射程	8.74 千米

也研制喷气发动机、海军火箭、防空火箭等。1938 年，BM-13 火箭炮在第三研究所的劳动竞赛背景下，由科技人员提出方案并研制成功。1939 年 12 月，BM-13 火箭炮通过了靶场实弹试验，但由于苏军高层的意见分歧，BM-13 火箭炮未能服役。直到苏德战争爆发后，BM-13 火箭炮才逐渐被苏军采用。

BM-13 自行火箭炮前侧方特写

▌▌▌▶ ★ 武器构造

　　BM–13 火箭炮是一种多轨道的自行火箭炮，由汽车部分和发射部分组成。发射部分由滑轨床、炮架、回转盘、底架、瞄准装置、发射装置等部件组成。在发射前，火箭弹是用定向钮钳在滑轨槽的定向沟内。火箭弹的战斗部分的弹体内是 TNT 炸药。药筒部分是由七根管状发射药筒组成，汽车驾驶室内安装有发射装置的发火转轮。

BM-13 自行火箭炮示意图

▌▌▌▷ 性能解析

　　相较于其他的火炮，BM-13 火箭炮可以迅速地将大量的炸药倾泻于目标地，但其准确度较低且装弹时间较长。BM-13 火箭炮射击火力凶猛，杀伤范围大，是一种大面积消灭敌人密集部队、压制敌火力配系和摧毁敌防御工事的有效武器。此外，BM-13 火箭炮价格低廉、易于生产，也是它被广泛使用的重要原因。

BM-13 自行火箭炮后侧方特写

▌▌▌▷ 服役记录

　　二战苏军装备的 BM-8 轻型火箭炮、BM-13 火箭炮、BM-31 重型火箭炮均为战前产品。1941 年 7 月 14 日，苏军组建的第一个火箭炮连 7 辆 BM-13 向斯摩棱斯克附近的被德军占领奥尔沙火车站进行了一轮齐射。短时间内射出的 100 多枚火箭弹致使驻守该地的德军第 5 步兵师损失惨重。由于炮击过于迅猛，以至于德军当时以为遭到了一个苏军炮兵师的攻击。由于当时火箭炮这种新型武器是严格保密的，苏军士兵也不知道 BM-13 的正式名称，就根据发射架上的出厂标记 "K" 将其称为 "喀秋莎"（苏联女性的爱称），德军则称之为 "斯大林的管风琴"。

保存至今的 BM-13 自行火箭炮

10 秒速识

BM-13 火箭炮的滑轨床共有 8 条发射滑轨，每条滑轨上下各悬挂 1 枚火箭弹，药筒部分是由 7 根管状发射药筒组成。

保存在博物馆中的 BM-13 火箭炮

苏联 122 毫米 BM-21 自行火箭炮

BM-21 火箭炮是苏联于 20 世纪 60 年代研制的一款 122 毫米 40 管自行火箭炮，绰号"冰雹"（Grad）。

研发历史

二战后，火箭炮一直是苏联优先发展的项目之一。20 世纪 50 年代中期，苏军对新型火箭炮提出了新需求：射程 20 千米，射击精度足够高。1960 年，苏联部长会议下达第 578~236 号决议，提出BM-21 "冰雹"火箭炮的战术要求。同年 BM-21 "冰雹"火箭炮开始研制，147 研究所负责研制系统总体及火箭弹，203 专业设计局负责开发发射装置。

基本参数	
口径	122 毫米
全长	7.35 米
全宽	2.4 米
全高	3.09 米
重量	13710 千克
最大速度	75 千米／时
最大行程	405 千米
有效射程	20 千米

BM-21自行火箭炮侧方特写

武器构造

BM-21火箭炮由导向管、摇架、高低机、方向机、平衡机、瞄准装置和车体等部分组成，在各型火箭炮中，属布局相对简单的一类。

BM-21火箭炮示意图

性能解析

BM-21火箭炮发射速度快，火力猛烈；行军状态和战斗状态转换快速，射击准备时间短；越野机动能力强。不过，BM-21火箭炮也存在射击精度较低，稳定性稍差，发射时火光大，易暴露等缺点。BM-21火箭炮可发射爆破杀伤火箭弹、化学燃烧火箭弹等，全营齐射能发射720枚火箭弹或化学弹，超过美国陆军师全部常规火炮一次的齐射量。

BM-21 火箭炮后侧方特写

衍生型号

型　号	特　点
BM-21P	换装 36 管火箭炮，北约称 M1976 式
BM-21B	换装 12 管火箭炮，北约称 M1975 式
9K132	单兵单筒火箭发射器，可以重复使用
A-215	海军陆战队版本

BM-21 火箭炮列队行驶

服役记录

1984 年，阿富汗战争期间，苏军大量使用了 BM-21，主要用于袭击游击队村庄营地和实施火力封锁，建立安全区等。在两伊战争中，作战双方大量使用BM-21火箭炮袭击对方境内目标。在海湾战争中，伊军的BM-21未发挥应有作用。

除俄罗斯外，阿尔及利亚、安哥拉、保加利亚、乍得、古巴、埃及、埃塞俄比亚、匈牙利、伊朗、伊拉克、黎巴嫩、墨西哥、莫桑比克、尼加拉瓜、波兰、叙利亚、坦桑尼亚、越南、赞比亚等国也都装备有这种火箭炮。

BM-21火箭炮正在装弹

⬛⬛⬛⬛⭐ 10秒速识

BM-21火箭炮导向管分4层排列，每层10管，使用两道金属带固定，下方有侧面为梯形的底托与基座连接。BM-21火箭炮多采用嘎斯卡车底盘，有3对车轮。

正在开火的 BM-21 火箭炮

苏联 300 毫米 BM-30 自行火箭炮

BM-30 自行火箭炮是苏联于 20 世纪 80 年代研制的一款 300 毫米自行火箭炮，绰号"龙卷风"（Smerch）。

研发历史

BM-30 火箭炮是苏联开发的自走多管火箭炮，制式代号 9K58，绰号为"龙卷风"，于 1989 年服役。BM-30 火箭炮于 1995 年 12 月在科威特的演示性军事演习中进行了实弹射击表演，在中东乃至世界武坛刮起了一股强劲的龙卷风暴。

基本参数	
口径	300 毫米
全长	12 米
全宽	3.05 米
全高	3.05 米
重量	43700 千克
最大速度	60 千米／时
最大行程	850 千米
有效射程	90 千米

BM-30 火箭炮在公路上行驶

武器构造

BM-30 "龙卷风"的组成包括发射车、安装有吊车和装填装置的运输装填车、杀伤爆破火箭弹。火箭弹的发射可在发射车的驾驶室内控制，也可用手持式操纵台控制。发射架安装在车体后部，可以快速向左右旋转和上下升降。BM-30 新配备的指挥车上配备有先进的数字计算机、数据传输装置和无线电通信设备，可以指挥 6 门火箭炮的快速射击。指挥舱内安装有三防装置和通风设备。为了保证火箭炮的作战能力，每门炮配有 1 辆弹药车，装有专用装填起重机和 12 发火箭弹，可在 20 分钟内装填完毕。

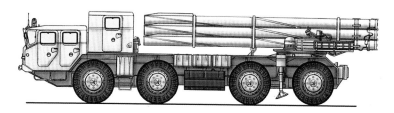

BM-30 火箭炮示意图

性能解析

BM-30 火箭炮可以使用多种弹药，包括普通火箭弹、子母弹头、反战车地雷等，甚至有专门设计的无人侦察机型火箭。BM-30 火箭炮还配有供弹车，一次能携带 14 枚火箭弹。BM-30 自行火箭炮在发射后可迅速转移，可有效避免受到敌方的攻击，具有较强的生存能力。BM-30 火箭炮的特点是射程远、射击精度高、威力大。其火箭弹上首次使用了控制系统组合，火箭弹配备有补充发动机，依此火箭可在飞抵目标前进行飞行高度和方向的校正。

BM-30 火箭炮后侧方特写

服役记录

BM-30 火箭炮除在俄罗斯军队使用外，白俄罗斯、乌克兰也有装备。2002 年，印度炮兵进行现代化采购时，也对 BM-30 火箭炮产生了兴趣。2003 年 7 月印俄商定以 450 万美元价格出售 36 套 BM-30 火箭炮系统。

正在开火的 BM-30 火箭炮

10 秒速识

BM-30 自行火箭炮有 12 个发射管，配置在 8 轮的 MAZ-543M 型底盘上。12 个又粗又长的发射管分 3 组配置：左右两侧各有一组共 8 个管，呈"田"字形布置。在这两组发射管的上方呈"一"字形设置 4 个发射管。每个发射管内装有 1 枚重型火箭弹。

BM-30 火箭炮前方侧特写

德国 150 毫米 Nebelwerfer 41 多管火箭炮

Nebelwerfer 41（NbW 41）火箭炮是德国在二战期间研制的一款 150
毫米多管火箭炮。

研发历史

Nebelwerfer 41 火 箭 炮 于 20 世 纪
30 年 代 后 期 开 始 研 制， 最 初 的 开 发 目
标是分配给德意志国防军的化学部队。
Nebelwerfer 是 德 语 " 喷 烟 者 " 的 意 思，
因为德国人最初只是想利用火箭炮作为一

基本参数	
口径	150 毫米
炮管长	1.3 米
方向射界	44°
高低射界	13 ～ 45°
重量	1130 千克
炮口初速	145 米 / 秒
有效射程	2.4 千米

种烟幕弹的发射工具。Nebelwerfer 41 火箭炮生产总数多达 5769 门，在二
战的战场上被广泛使用。

Nebelwerfer 41 多管火箭炮前方特写

武器构造

　　Nebelwerfer 41 火箭炮一般采用 Sdkfz.11 半履带式装甲车牵引，也可用牵引能力 1 吨以上的车辆牵引。Nebelwerfer 41 火箭炮的 6 根火箭弹发射管整体布置在 2 轮牵引拖车上，火箭发射器的俯仰角为 5 ~ 45 度，左右可各旋转 27 度。为了使火箭弹在炮管内稳定，炮管内有 3 根高 17 毫米的导轨。

Nebelwerfer 41 火箭炮示意图

性能解析

Nebelwerfer 41 火箭炮采用有线电点火装置，导线长度为 18 米，也就是说，士兵可在 18 米外给火箭弹点火，避免火箭弹后喷火焰的伤害。火箭弹发射间隔为 2 秒，装填 6 枚弹的时间为 90 秒。Nebelwerfer 41 火箭炮发射的 150 毫米火箭弹的全长为 0.931 米（榴弹）和 1.015 米（烟幕弹），前部装填推进剂，尾部有 26 个喷火口；后部装填发烟剂。

保存在博物馆中的 Nebelwerfer 41 火箭炮

服役记录

1942 年，Nebelwerfer 41 火箭炮在北非被德军广泛使用。在诺曼底登陆及诺曼底地区解放、法国战役、阿登山区、阿登反击战中，它发射时让人毛骨悚然的声响给同盟国军队极大震撼。德军一直使用这种火箭炮到二战结束。二战后，法国军队还使用了一段时间。

装备德国的 Nebelwerfer 41 火箭炮

10 秒速识

Nebelwerfer 41 火箭炮的 6 根炮管呈六角形布置，火箭炮炮管内无膛线。

展览中的 Nebelwerfer 41 火箭炮

捷克斯洛伐克 122 毫米 RM-70 自行火箭炮

RM-70 火箭炮是捷克斯洛伐克于 20 世纪 60 年代研制的一款 122 毫米 40 管自行火箭炮。

研发历史

火箭炮在射程、载车、自动化等方面已全面过时,急待更新。作为华约成员国,捷克斯洛伐克能够很便利地从苏联进口所需装备,在获得生产许可证方面也有很多便利。在这一条件下,该国决定引进苏联 BM-21"冰雹"火箭炮技术,研制

基本参数	
口径	122 毫米
全长	8.75 米
全宽	2.5 米
全高	2.7 米
重量	33700 千克
最大速度	85 千米／时
最大行程	400 千米
有效射程	20 千米

自己的下一代火箭炮。新式火箭炮在 1972 年研制成功并装备部队,捷克斯洛伐克将其定名为 RM-70 火箭炮。2000 年以后,捷克开始和德国合作改进 RM-70 火箭炮。改进后的 RM-70 特别具备了模块化性能,既能够安装 28 具 122 毫米火箭发射管,又能够安装 6 具 227 毫米美制 M270 火箭发射管。

正在开火的 RM-70 自行火箭炮

武器构造

　　RM–70 火箭炮不仅能够安装 40 管火箭发射管，而且能安装炮弹再装填装置，首轮齐射后仅需 5 分钟就可完成再次装填射击，对提升火箭炮性能极有帮助。载体车辆为太脱拉 813 型 8×8 卡车，驾驶室视界良好，放下装甲板后又能对驾驶室起到良好的保护作用。车胎内还有中央调压装置，驾驶员可根据通过的地形调节轮胎压力。乘员有装甲防护，可防轻武器和炮弹破片的袭击。车体的前部还装有 BZT 型推土铲，用于准备发射阵地和清除障碍等。RM–70 火箭炮的发射装置为发射管束式，排成 4 层，每层 10 管，通过前后护板、钢带等固定成发射管束。为了提高装填速度、减轻炮手负担，车上备有 40 发备用弹和装填机可自动装弹。40 发备用弹只需 30 秒左右即可装填完毕。

RM-70 自行火箭炮示意图

▷ 性能解析

　　与苏联 BM-21 火箭炮相比，RM-70 火箭炮装弹更加迅速、装甲防护和越野机动性更好。RM-70 火箭炮发射的布雷弹，每枚布雷弹中分别可装载 5 枚 PPMI-S1 型反人员地雷或 4 枚 PTMI-D 型反装甲地雷。

RM-70 自行火箭炮前侧方特写

▷ 衍生型号

型　号	特　点
RM-70	基本型
RM-70 MORAK	捷克和德国合作研发的改进型

RM-70 自行火箭炮后侧方特写

服役记录

RM-70 火箭炮问世后，不仅大量装备捷克斯洛伐克军队，而且获得了许多国家的注意，开始大量出口。在当时的欧洲，民主德国的购买量最大，芬兰也曾大量购买。在亚洲和非洲国家中，该火箭炮更是广泛热销。

RM-70 火箭炮前侧方特写

10 秒速识

RM-70 火箭炮在外观上最显著的创新之处就是将载体的车辆换成了太脱拉 813 型 8×8 卡车。

RM-70 火箭炮侧方特写

波兰 122 毫米 WR-40 自行火箭炮

WR-40 火箭炮是波兰于 21 世纪初研制的一款 122 毫米自行火箭炮，绰号"兰古斯塔"（Langusta）。

研发历史

WR-40 火箭炮是波兰胡塔·斯塔洛瓦沃拉公司（Huta Stalowa Wola，HSW）为波兰陆军生产的多管火箭发射系统，在苏联 BM-21"冰雹"火箭炮的基础上改进而来。WR-40 火箭炮在BM-21 火箭炮基础上进行了不少现代化

基本参数	
口径	122 毫米
全长	8.58 米
全宽	2.54 米
全高	2.74 米
重量	17000 千克
最大速度	85 千米／时
最大行程	650 千米
有效射程	42 千米

改进，拥有不俗的作战性能，被誉为"现代喀秋莎"。2006 年，波兰国防部与 HSW 签订了 WR-40 火箭炮的初始生产合约，其试验型通过了 2007年初的一系列测试。

正在开火的 WR-40 火箭炮

⫸ 武器构造

　　整个 WR-40 系统包括 WR-40 多管火箭发射系统、自动控制发射系统、指挥车、指挥侦察车、气象站和后勤车。载体车内配备了现代发射控制和导航系统。其中包括 DD9620T 车载终端、显示装置、固定发射装置、Talin5000 导航系统、RRC-9311 AP VHF 电台和 FONET 数字对讲系统。

WR-40 自行火箭炮示意图

⫸ 性能解析

　　WR-40 火箭炮能够打击敌军发射装置、防御工事和防御哨站，其 122毫米 40 管发射架能够发射标准火箭和新型火箭。WR-40 火箭炮具有良好的越野性能，发动机功率达 259 千瓦，车载中央轮胎充放气系统使驾驶员可以通过路况调节轮胎气压。WR–40 火箭炮可爬行 30 度前坡和 20 度侧坡，并可跨越 1.2 米的深坑。此外，WR–40 火箭炮还可以通过 C–130 运输机运载。

WR-40 火箭炮侧方特写

||||▷ 服役记录

第一辆 WR–40 火箭炮于 2007 年 3 月交付给波兰陆军，波兰计划使用 WR–40 火箭炮同步替换 BM–21 火箭炮。

由卡车运输的 WR-40 火箭炮

||||▷ 10 秒速识

WR–40 多管火箭发射系统的载体为 JELCZ P662D.35 全地形车，其全密封装甲舱内能容纳 6 名士兵，设有 4 个舱门。

WR-40 火箭炮后侧方特写

巴西 ASTROS Ⅱ 多口径自行火箭炮

ASTROS Ⅱ火箭炮是巴西于 20 世纪 80 年代研制的一款自行火箭炮。

研发历史

巴西阿维布拉斯航宇工业集团于 20 世纪 60 年代开始设计简便的火箭和火箭炮。1964 年，阿维布拉斯接到了生产 Sondal 火箭的合同并从此成为一家发展探空火箭的主要生产厂家，在导弹的研发领域也占据了主导地位。20 世纪 80 年代，阿维布拉斯成功发展出一种炮兵饱和射击火箭系统，即 Astros Ⅱ火箭炮。ASTROS 是 Artillery SaTuration ROcket System（炮兵饱和射击火箭系统）的缩写。1983 年，阿维布拉斯航宇工业集团研制出样炮，该炮主要用于出口。

基本参数	
口径	127、130、300 毫米
全长	7 米
全宽	2.9 米
全高	2.6 米
重量	10000 千克
最大速度	90 千米／时
最大行程	480 千米
有效射程	150 千米

正在开火的 ASTROS Ⅱ火箭炮

武器构造

ASTROS Ⅱ火箭炮系统主要包括以下几个部分：通用型多功能发射平台（AV-LMU），能够发射5种不同的火箭弹；弹药补给车（AV-RMD），用于 AV-LMU 的补给，能够为各个发射架提供两套完整弹药；控制指挥与发射系统（AV-VCC），能够提供战争层次上的指挥功能，并且能够协调并指示火箭弹的发射；可选择性的电子火控系统（AV-UCF），能够通过雷达和计算机执行射击指挥任务。另外，还设有负责维修保养的移动车间。

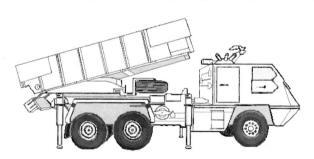

ASTROS Ⅱ火箭炮示意图

性能解析

ASTROS Ⅱ火箭炮的优点包括高密度的饱和火力投射能力、高机动性和防护能力、操作范围广、射程远、发射间歇时间短、人员配置少、拥有全天候作战能力、根据目标进行相应调整的能力等。另外，发射架、弹药补给车、移动工作台、火控系统都采用相同的汽车底盘，整体的互换性得到提高。

ASTROS Ⅱ火箭炮后侧方特写

服役记录

除巴西陆军少量采用外，ASTROS Ⅱ多口径自行火箭炮还出口到了安哥拉、巴林、马来西亚、印度尼西亚、伊拉克、卡塔尔和沙特阿拉伯等国。

ASTROS Ⅱ火箭炮列队行驶

10秒速识

ASTROS Ⅱ火箭炮采用10吨(6×4)重的越野车底盘，拥有32管127毫米火箭发射箱，16管180毫米火箭发射箱和4管300毫米火箭发射箱。

ASTROS II 火箭炮前侧方特写

印度 214 毫米 Pinaka 自行火箭炮

　　Pinaka "皮纳卡" 火箭炮是印度于 20 世纪 80 年代中期开始研制的 214 毫米自行火箭炮。

研发历史

　　20 世纪 80 年代中期，印度陆军和国防研究与发展组织（DRDO）就已开始研制 Pinaka 火箭炮。此后 20 多年，印度陆军虽然有过装备的计划，但一直也没有该炮装备部队的准确消息。在此期间，Pinaka 火箭炮进行过多次、多方面的试验，但精度等指标始终不能达到要求，几经波折，只得不断地推后列装时间。

基本参数	
口径	214 毫米
全长	8.5 米
全宽	2.5 米
全高	2.7 米
重量	35000 千克
最大速度	80 千米／时
最大行程	380 千米
有效射程	40 千米

另一方面，印度成功从俄罗斯进口火箭炮也使得印度军方对 Pinaka 火箭炮的研制和装备不冷不热。

正在开火的 Pinaka 自行火箭炮

武器构造

Pinaka 火箭炮系统包括 1 辆发射车、1 辆弹药运输装填车、1 辆指挥车以及气象雷达和多种火箭弹。发射车上安装有火控系统和自动定位定向系统，可使发射车自主完成导航和定位，以及对目标的瞄准和打击任务。

Pinaka 自行火箭炮局部特写

性能解析

与当前世界上同类型的火箭炮相比，Pinaka 火箭炮的性能堪称一般，而从其研制多年的发展历程来看，Pinaka 火箭炮总是落后于时代。不过，通过及时地引进先进技术来弥补不足，Pinaka 火箭炮仍在不断地提升性能。Pinaka 火箭炮的优势在于价格便宜，售价远低于美国 M270 火箭炮和巴西 ASTROS II 火箭炮等。

印度阅兵式上的 Pinaka 自行火箭炮

服役记录

在 1999 年的卡吉尔战争中，Pinaka 火箭炮在 44 秒内向敌方阵地齐射了 12 枚火箭弹。该炮取得了惊人的杀伤效果，在高海拔地区作战性能表现良好。

装备印度的 Pinaka 自行火箭炮

10 秒速识

Pinaka 自行火箭炮发射车采用捷克太脱拉 8×8 越野车底盘，全封闭的 5 人驾驶舱在车体前部安装有三防装置、中央轮胎压力调节系统和被动式夜用驾驶设备。后部装有 2 个便于运输和装填的模块式发射箱，每箱配装 6 枚火箭弹。

日本 130 毫米 75 式自行火箭炮

75 式火箭炮是日本于 20 世纪 60 年代末开始研制的一款 130 毫米自行火箭炮。

研发历史

为加强日本陆上自卫队的火力体系，提高中等距离（4 ~ 15 千米）武器的作战能力，日本三菱重工于 1969 年开始研制 130 毫米多管自行火箭炮。1972 年完成样炮试制，1973-1974 年进行技术和使用试验。1974 年定型为 75 式火箭炮。

基本参数	
口径	130 毫米
全长	5.78 米
全宽	2.8 米
全高	2.67 米
重量	16500 千克
最大速度	53 千米／时
最大行程	300 千米
有效射程	15 千米

75 式自行火箭炮车尾特写

武器构造

　　75 式火箭炮主要由运载发射车、发射装置、地面测风装置和瞄准装置等组成。运载发射车为履带车，机动和越野性好，前部是乘员室，驾驶员在左边，车长在右边，操作手在车长的后面。驾驶员前面安装有 3 具潜望镜，其中夜视线外潜望镜能 360 度回转。动力室在车体左侧，内装 4ZF 型 2 冲程 V4 风冷柴油机，采用扭杆悬挂装置。车上安装有导向装置，无须预先赋予射向。除此之外，75 式自行火箭炮系统还配有地面测风装置，缩短了反应时间，提高了精度。

75 式自行火箭炮前侧方特写

性能解析

　　75 式火箭炮可以发射尾翼稳定火箭弹，靠喷管斜切赋予旋转。弹长1856 毫米，战斗部重 15 千克。连射时，每发弹间隔时间为 0.3 秒。75 式火箭炮火力较猛，相当于 9 门 105 毫米榴弹炮以最大射速发射时的火力。另外还配有 1 挺 12.7 毫米机枪，携弹 600 发弹药。另外，该火箭炮具有三防能力，但没有两栖作战能力。

75 式自行火箭炮后侧方特写

服役记录

1975 年 75 式自行火箭炮装备日本陆上自卫队师属炮兵团，每团配备 10 门。该炮是日本陆上自卫队师一级中距离火力支援的重要武器装备。

75 式自行火箭炮局部特写

10 秒速识

75 式自行火箭炮发射装置为长方形箱体，分 3 层，每层有 10 根定向管。运载发射车车体为铝合金全焊接结构。

展览中的 75 式自行火箭炮

Chapter 05

反坦克炮

反坦克炮是专门用于摧毁敌方坦克的一种武器，按机动方式可分为牵引式与自行式，其中自行式反坦克炮拥有比同级其他战车更强大的火力，能够击穿所遇到的大多数目标。尤其在二战期间，自行反坦克炮是自行火炮的主流。

美国 M10 "狼獾" 自行反坦克炮

M10 自行反坦克炮是美军在二战期间所使用的一款自行反坦克炮。

研发历史

美军早期研发的 3in GMC T35 自行反坦克炮就是 M10 的试验型。这款试验型使用了 M6 重型坦克的圆形开放式炮塔，并装配 1 门 76.2 毫米火炮，车身则以 M4 "谢尔曼" 坦克的外形作为蓝本设计。与此同时，苏军新研发的 T-34 坦克在东线战场取得了极大成功，为 3in

基本参数	
口径	76.2 毫米
全长	6.83 米
全宽	3.05 米
全高	2.57 米
重量	29600 千克
操作人数	5 人
最大速度	51 千米／时
最大行程	300 千米

GMC T35 自行反坦克炮的研发提供了灵感，所以 3in GMC T35 型自行反坦克炮的装甲厚度及主炮也和 T-34 坦克十分相似。后来，美国对其外观和性能进一步改进：车身的外壳加上了斜甲，而本来的圆形炮塔也被替换成了五角形炮塔。新版本被定名为 3in GMC T35E1 自行反坦克炮。1942 年 6 月，又更名为 3in GMC M10，并开始投入生产。

M10"狼獾"自行反坦克炮侧方特写

▌▌▌▷ 武器构造

　　M10 自行反坦克炮的战斗全重为 30 吨，乘员为 5 人（驾驶员，无线电操作员兼副驾驶，车长，炮手，装填手），履带宽 41.25 厘米。驾驶员座位在车体左边，无线电操作员（副驾驶）在右边，与坦克车体相同。车长拥有 1 具全景潜望镜，炮手使用 1 具 M51（后改为 M70G）瞄准镜。炮弹被放置在炮塔后部和车身两侧，这使得炮塔的地板十分平坦宽敞。唯一的突出物是地板中央的电线盒，它为火炮发射和通信提供电力。

M10"狼獾"自行反坦克炮示意图

　　M10 自行反坦克炮动力装置为 2 台并列的 GM 6–71 6046 型 6 缸液冷式柴油发动机，总输出功率为 302 千瓦。改进型 M10A1 换装了功率更大的发动机。这种发动机整体性能不错，唯一的缺陷在于空气过滤器，经常会有灰尘和沙子进入发动机造成故障。为了防止发动机起火，M10 自行反坦克炮的发动机舱内安装有常见的灭火装置。

性能解析

M10 的炮塔后部安装了 1 挺 12.7 毫米的 M2 机枪，备弹 300 发。防空作战时在炮塔内无法操作机枪向前射击，战斗中车长只能跳出炮塔，站在发动机盖上操作机枪向前射击。此外车内为乘员准备了 M1 卡宾枪，手榴弹和烟幕弹。必要的时候成员可以向外投掷手榴弹杀伤靠近的步兵，或投掷烟幕弹来隐蔽自己。

保存至今的 M10 自行反坦克炮

服役记录

M10 自行反坦克炮于 1942 年开始生产并装备美军，一直使用到二战结束。在北非战场上，M10 自行反坦克炮击毁了大量德国坦克。在太平洋战场上，M10 自行反坦克炮主要用于支援步兵作战，其开放式炮塔比较容易遭到手榴弹攻击。在战争后期的诺曼底战役中，由于 M10 自行反坦克炮的主炮无法打穿德国 "豹" 式坦克的前装甲，所以它的位置逐渐由 M36 "杰克逊" 自行反坦克炮所取代。

M10"狼獾"自行反坦克炮前侧方特写

10 秒速识

M10 自行反坦克炮整个外形只比 M4 坦克矮了 7 厘米，炮塔的顶部是敞开的，顶部呈五角形开口。炮塔中的布置仿照反坦克炮的战位安排，炮手位于火炮左侧，车长和装填手在右侧。

装备美军的 M10 自行反坦克炮

美国 M18 "地狱猫" 自行反坦克炮

M18 自行反坦克炮是美军在二战时研发的一款自行反坦克炮，绰号"地狱猫"（Hellcat）。

研发历史

1941 年 12 月，美军军械部希望研发一款使用克里斯蒂悬挂系统（Christie Suspension）、赖特 R-975 发动机及 37 毫米炮的快速自行反坦克炮。后来，在北非的战事中，他们发现 37 毫米炮的效果不大。因此，他们将研发中的自行反坦克

基本参数	
口径	76 毫米
全长	6.68 米
全宽	2.87 米
全高	2.57 米
重量	17700 千克
操作人数	5 人
最大速度	92 千米／时
最大行程	168 千米

炮改为安装 57 毫米炮。经过不断的测试后，当局决定使用 75 毫米炮（75 mm Gun M2/M3/M6），后来更换上 76 毫米 M1 炮（76 mm gun M1）。此外，本来要求装配的克里斯蒂悬挂系统也被扭力杆悬挂系统（Torsion bar suspension）所取代。1943 年 2 月，新型自行反坦克炮设计定型，随后开始批量生产。

M18"地狱猫"自行反坦克炮前方特写

武器构造

　　M18 自行反坦克炮的动力装置为大陆 R-975-C4 型 9 缸星型风冷汽油机，这是一种由航空发动机改装而来的动力装置，最大功率 253 千瓦。行动部分采用扭杆式弹簧悬挂装置，每侧有 5 个中等直径的负重轮、4 个托带轮。主动轮在前，诱导轮在后。

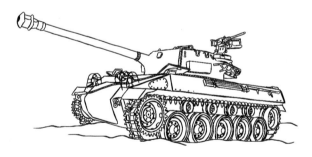

M18"地狱猫"自行反坦克炮示意图

性能解析

　　为了追求优越的行走速度，M18 自行反坦克炮只安装了一层薄弱的装甲，而它的主炮也不能发挥很大的威力。这使得车身及乘员们很容易受到伤害，也无法打穿德国"虎"式及"豹"式坦克的装甲，成为它最大的缺点。后来，美军采用了更高速的炮弹，令 M18 自行反坦克炮的主炮得到了更大的贯穿力，才得以改善。但这种炮弹却无法大量补给。此外，它薄弱的装甲使乘员们都惧怕与德国的重型坦克作战，士气大减。不过，M18 自行反坦克炮的高速令它很容易就能绕到敌方坦克的侧面，攻击敌方坦克的发动机，为其带来较大的伤害。

M18"地狱猫"自行反坦克炮侧方特写

衍生型号

型 号	特 点
90 毫米炮搭载型 "超级地狱猫"	以 90 毫米 M3 战车炮代替 76 毫米主炮，炮塔使用 M36 的炮塔
T88 105 毫米自行火炮	以 105 毫米榴弹炮代替 76 毫米主炮
M39 装甲多用途车辆	拆卸炮塔后，用作运输兵员淄重或牵引重型火炮的多用途车辆
T86 两栖坦克歼击车	改装车身后，能够两栖使用的型号
T86E1 两栖坦克歼击车	和 T86 两栖坦克歼击车一样，但改用了螺旋桨作为推进器
T87 两栖坦克歼击车	改为使用 105 毫米榴弹炮的版本

急速行驶中的 M18"地狱猫"自行反坦克炮

服役记录

M18 曾投入在西欧及意大利的战场中。起初的 M18"地狱猫"是作为一般装甲车使用，但随着后期美军重型坦克的开发及生产，M18 开始作为步兵的火力支援。

M18"地狱猫"自行反坦克炮进行越障测试

10 秒速识

M18 自行反坦克炮的车体和炮塔为钢装甲焊接、螺接混合结构，装甲板的厚度较薄，最厚的炮塔正面装甲也只有 25.4 毫米，其余部位的装甲厚度多为 12.7 毫米，最薄的底装甲只有 4.8 毫米。上支履带的前部和后部有护板。

M18 "地狱猫" 自行反坦克炮前方炮特写

美国 M36 "杰克逊" 自行反坦克炮

M36 "杰克逊" （Jackson）自行反坦克炮是美国在二战时期研发并使用的一款自行反坦克炮。

研发历史

1942 年 9 月，美军的工程师开始研制一款新型的安装 90 毫米 M3 火炮的自行反坦克炮。1943 年 3 月，新型自行反坦克炮的原型车完成。它在一辆 M10A1 的底盘上安装了 1 个新的炮塔，使得它可以安装 90 毫米火炮。在完成测试后，

基本参数	
口径	90 毫米
全长	7.46 米
全宽	3.05 米
全高	3.28 米
重量	29000 千克
操作人数	5 人
最大速度	48 千米／时
最大行程	240 千米

美军订购了 500 辆。原型车被命名为 "T71 火炮载具" （T71 Gun Motor Carriage），在投入量产后，1944 年 6 月被更名为 "M36 90 毫米火炮载具" （90 mm Gun Motor Carriage M36）。

保存至今的 M36 "杰克逊" 自行反坦克炮

▌▌▌▷ 武器构造

　　M36 自行反坦克炮的乘员为 5 人（车长、炮长、装填手、驾驶员、机电员），乘员的位置和 M10A1 自行反坦克炮的有所不同，炮长的座位移至火炮的右侧，车长席在炮长席之后，装填手则移至火炮的左侧，驾驶员和机电员仍在车体前部。M36 自行反坦克炮的发动机位于车体后部，其动力通过一根很长的传动轴传至车体前部的变速箱，然后再传至差速器和主动轮。M36 自行反坦克炮的动力装置为 1 台 V 型 8 缸水冷汽油机，最大功率 336 千瓦。变速箱有 5 个前进挡和 1 个倒挡。行动部分采用平衡式悬挂装置，每侧有 6 个负重轮，两个为一组，上支履带带有 3 个托带轮，主动轮在前，诱导轮在后。

M36 "杰克逊" 自行反坦克炮示意图

性能解析

M36 自行反坦克炮的主要武器为 1 门 M3 式 90 毫米坦克炮，身管长为 52.5 倍口径，弹药基数 47 发，主要存放在炮塔后部的弹舱内。发射普通穿甲弹时，在 600 米射击距离上，可击穿"豹"式坦克的主装甲；在 2000 米射击距离上，可击穿"豹"式坦克的侧面和后部装甲。M36 自行反坦克炮的辅助武器为 1 挺 12.7 毫米高射机枪，携机枪弹 1050 发。此外，车内还有 5 支卡宾枪（子弹 450 发）、12 枚手榴弹和 4 个发烟罐。

M36"杰克逊"自行反坦克炮侧方特写

衍生型号

型 号	特 点
M36	由 M10A1 自行反坦克炮改装，总产量为 1413 辆
M36B1	由 M4A3 坦克改装，总产量为 187 辆
M36B2	由 M10A1 自行反坦克炮改装，总产量为 724 辆

泥地中行驶的 M36"杰克逊"自行反坦克炮

⫶⫶⫶⫷ 服役记录

M36"杰克逊"自行反坦克炮是当时美军中为数不多的可以击穿德军重型坦克的装甲战斗车辆，在1945年对德国的战争中发挥了重要作用。

M36"杰克逊"自行反坦克炮前侧方特写

⫶⫶⫶⫷ 10秒速识

M36自行反坦克炮的车体部分的装甲厚度与M4坦克相同，炮塔正面和防盾的装甲厚度为76毫米，侧面及后部的装甲厚度为38毫米。炮塔顶部敞开。

M36"杰克逊"自行反坦克炮

苏联 SU-85 自行反坦克炮

SU-85 是苏联在二战中研制的一种自行反坦克炮。

研发历史

1943 年 5 月，苏联开始进行设计新型反坦克炮和重新设计 SU-122 武装的工作。开发时，设计人员尝试将重型的 85 毫米防空炮作为反坦克用途，经过测试后认为其非常适合用来对付"虎"式坦克。换装了火炮的 SU-122 被命名为 SU-85，随后开始批量生产。

基本参数	
口径	85 毫米
全长	8.15 米
全宽	3 米
全高	2.45 米
重量	29600 千克
操作人数	4 人
最大速度	55 千米／时
最大行程	400 千米

SU-85 自行反坦克炮前方特写

武器构造

　　SU-85 的发动机、传动装置等大量部件都是和 T-34/76 坦克通用的，这对于乘员掌握新车使用很方便。后期的型号还改进了观测装置，乘员可以进行全方位观测。

SU-85 自行反坦克炮示意图

性能解析

　　SU-85 的车体小、机动性强，也有良好的装甲防护。D-5T 型 85 毫米反坦克炮配有 48 发炮弹，还有 1500 发供乘员使用的冲锋枪子弹、24 枚 F–1 型手榴弹以及 5 枚反坦克手榴弹。

保存至今的 SU-85 自行反坦克炮

衍生型号

型 号	特 点
SU–85–I	首辆 SU–85 原型车，因为车内空间狭小而不被采用，其装备了 85 毫米 S–18 火炮
SU–85–IV	第二辆原型车，拥有与 SU–122 相同的车体，但有比 SU–85–I 更大的球形炮盾
SU–85–II	第三辆原型车，装备 85 毫米 D–5S 火炮、TSh–15 瞄准器和新设计的球形炮盾
SU–85–III	第四辆原型车，有经过改良的车长指挥塔。
SU–85	主要的生产型号，装备了 85 毫米 D–5T 火炮。
SU–85M	有与 SU–100 相同的车顶盖，还有与 T–34/85 相同的车长指挥塔，可携带 60 发炮弹
SU–85T	装甲救护车衍生型。

服役记录

SU–85 在 1943 年 9 月首次参与实战，良好的性能使其在苏军中十分受欢迎。1944 年夏季攻势中，苏军装备 SU–85 的第 1021 自行火炮团摧毁了 100 多辆德军坦克。

展览中的 SU-85 自行反坦克炮

▶ 10 秒速识

　　最初的 SU-85 自行反坦克炮安装有保护车长的装甲舱盖，后来改成了一个标准的车长指挥塔。

SU-85 自行反坦克炮特写

苏联 SU-100 自行反坦克炮

SU-100 是苏联乌拉尔马许工厂在二战中后期研制的一款自行反坦克炮。

研发历史

1944 年，随着德军虎式、豹式等重型坦克的投入，苏联原有的 SU-85 自行反坦克炮不仅无法对德军重型坦克形成有效打击，其火力甚至落后于升级后的苏联主战坦克 T-34/85，完全不"能用"，因此苏军开始寻求更强大的火力支援车辆。

基本参数	
口径	100 毫米
全长	9.45 米
全宽	3 米
全高	2.25 米
重量	31600 千克
操作人数	4 人
最大速度	48 千米／时
最大行程	320 千米

1944 年 3 月 3 日，装备 D-10 的新型自行反坦克炮通过了工厂的一系列测试（包括 30 次试射以及 150 千米的行程）。之后，又经过了政府检验，从 1944 年 3 月 9 日至 27 日，进行了 1040 次射击试验以及 864 千米的行程测试，新车被定型为 SU-100 并被指定大量生产。1944 年 12 月，SU-100 取代了 SU-85M 自行坦克炮进入批量生产。

行驶中的 SU-100 自行反坦克炮

武器构造

　　SU-100 自行反坦克炮的车体取自 SU-85 自行反坦克炮，它的前装甲从 45 毫米增加到 75 毫米，因为这个原因，它的第一对诱导轮超载，所以弹簧的直径增加到了 34 毫米。新的车长指挥塔安装在车顶，还装有 MK-IV 观测仪，另外还安装了一对通风器便于排出车内浑浊气体。总体来说，72% 的部件是和 T-34 坦克通用的，4% 的部件是取自 SU-122 自行反坦克炮，7.5% 的部件和 SU-85 自行反坦克炮通用，只有 16.5% 的部件是新的。

　　SU-100 自行反坦克炮具有一个经典的设计，前部有 1 个安装有 D-10S 火炮的战斗隔室，发动机和传动系统则在后部有 1 个专门的隔室。传动室内有两个油箱和一对空气过滤器。坦克控制、火力、弹药、无线电以及前部油箱都被安置在战斗室内，驾驶装置完全是取自 T-34 坦克。

SU-100 自行反坦克炮示意图

由于 SU-100 自行反坦克炮强大的火力以及良好的机动性，它可以在很远的距离上击穿德军坦克的前装甲。它的穿甲弹可以在 2000 米的距离上垂直击穿 125 毫米的装甲，1000 米的距离上它几乎可以将当时所有型号的德军坦克和装甲车辆摧毁。

展览中的 SU-100 自行反坦克炮

衍生型号

型　号	特　点
SU-100	基本型，1944 年开始服役
SU-100M	改进型号，略微改良以适应沙质地形
SU-100S	出口型号，持续服役到 20 世纪 70 年代

SU-100 自行反坦克炮前方特写

▶ 服役记录

　　1944 年 12 月，一些苏军的自行火炮团或旅开始装备 SU-100 自行反坦克炮。每个团装备 4 组，每组 5 辆，其中 1 辆 SU-100/T-34 为指挥车。而一个自行火炮旅则装备有 65 辆 SU-100 自行反坦克炮。1945 年 1 月 8 日，SU-100 自行反坦克炮首次在匈牙利参加战斗，1945 年 3 月在德军臭名昭著的巴拉顿湖反击中 SU-100 自行反坦克炮被苏军大量使用。

SU-100 自行反坦克炮侧方特写

▶ 10 秒速识

　　SU-100 自行反坦克炮车体后方设了两个通风装置，车体右侧有指挥塔。

SU-100 自行反坦克炮进行性能测试

苏联 ZiS-30 自行反坦克炮

ZiS-30 是苏联于 1941 年开始生产的一款自行反坦克炮。

研发历史

　　苏德战争开始时，苏军没有生产坦克歼击车和自行火炮。虽然战前有几个项目正在发展，有些还造出了样车，但这些项目由于种种原因而被取消。1941 年 7 月 1 日，苏联军方要求生产一种 37 毫米自行高射炮、一种 85 毫米自行高射炮和一种 57 毫米自行反坦克炮，所有的项目

基本参数	
口径	57 毫米
全长	3.45 米
全宽	1.86 米
全高	2.44 米
重量	4500 千克
操作人数	5 人
最大速度	47 千米／时
最大行程	250 千米

应在 1942 年 7 月 15 日之前完成。57 毫米自行反坦克炮的发展项目交由第 92 厂完成。

　　为了完成这个任务，第 92 厂设计局召集了一个专门的工程师组，新的

自行反坦克炮很快就设计出来并造出了一辆样车。有记载，曾经造出两辆不同的样车 ZiS-30 和 ZiS-31。1942 年 7 ~ 8 月，对这两辆样车都进行了测试。实验结果表明 ZiS-31 的射击结果较佳，而 ZiS-30 在粗糙或者松软的路况下具有更好的可操作性，因此被选中服役。

ZiS-30 自行反坦克炮侧方特写

性能解析

ZiS-30 装备的 57 毫米 ZiS-2 反坦克炮是强力而有效的反坦克炮，测试中可在 500 米的距离上击穿约 90 毫米至 140 毫米的垂直装甲。实际上，ZiS-30 的确可以应付当时德军的任何一款坦克及其他装甲车辆。不过由于 ZiS-30 的装甲不全且非常薄弱，难以在前线的炮火中幸存。

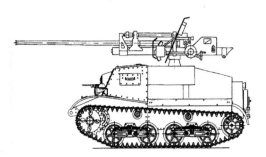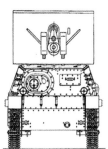

ZiS-30 自行反坦克炮结构图

ZiS-30 自行反坦克炮

服役记录

ZiS-30 自行反坦克炮在 1941–1942 年的莫斯科战役期间，主要装备苏联坦克旅的反坦克营，应付大量德军装甲部队的入侵。

ZiS-30 自行反坦克炮在丛林中前进

10 秒速识

ZiS-30 自行反坦克炮是一种由"共青团员"卡车发展而来的轻型自行反坦克炮。它安装了 1 门 57 毫米 ZiS-2 反坦克炮，而防护仅是一块不大的火炮防盾。为了获得更好的稳定性，它还安装了两个可以伸缩的助锄。

ZiS-30 安装的 57 毫米 ZiS-2 反坦克炮

俄罗斯 2S25 自行反坦克炮

2S25 是由俄罗斯的伏尔加格勒公司为俄罗斯空降部队所设计并生产的一款自行反坦克炮。

研发历史

2S25 自行反坦克炮于 20 世纪 90 年代初由伏尔加格勒公司研制，其将 1 门 125 毫米 2A75 滑膛坦克炮配备铝合金炮塔，安装在新型伞兵战车的底盘上，构成轻型履带式自行反坦克炮。2001 年中旬，伏尔加格勒公司对外透露 2S25 自行火炮的研发工作已进行了数年。

基本参数	
口径	125 毫米
全长	9.77 米
全宽	3.15 米
全高	2.72 米
重量	18000 千克
操作人数	3 人
最大速度	70 千米／时
最大行程	500 千米

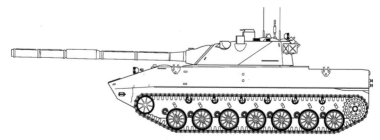

2S25 自行反坦克炮示意图

阅兵式上的 2S25 自行反坦克炮

武器构造

2S25 是以 BMD-3 步兵战车的底盘为基础建造而成的，2S25 与 BMD-3 最为显著的差别是两者的武装、射控系统，以及 2S25 的两侧皆比 BMD-3 多出一个路轮。乘员座位于底盘前端，当处于静止状态时，车长座位于驾驶的左侧，而炮手座则位于驾驶的右侧。每名乘员皆可透过车顶的日夜观测装置观察车外状况。2S25 的标准配备还包括 1 具核生化防护系统来保障乘组员不受放射性尘埃的侵害。

与 BMD-3 一样，2S25 使用液气式悬吊系统，并可于 6 ~ 7 秒内将底盘距离地面的高度由 590 毫米降至 190 毫米以降低其可见性。

性能解析

2S25 被设计或以空降、两栖登陆，或是随陆军特种部队部署的方式来摧毁敌方战车、坚固的器材设备以及步兵。它的主要武装为 1 门 2A45 反坦克炮，能够发射尾翼稳定脱壳穿甲弹、破片高爆弹、反战车高爆弹以及反坦克导弹。如此独特的设计组合使 2S25 拥有与主力战车相当的火力，但却与空降步兵战车一样灵活敏捷。2S25 可以与陆军单位及海军步兵（即海军陆战队）一同被部署至战场。

2S25 自行反坦克炮后侧方特写

服役记录

目前，唯一采用 2S2b 自行反坦克炮的单位是俄罗斯空降军，2009 年时有 24 辆 2S25 自行反坦克炮服役中，余下的采购订单则于 2010 年被取消。

2S25 自行反坦克炮前侧方特写

10 秒速识

2S25 自行反坦克炮炮塔和战斗室位于车身中央，弹药则占据了车体中央大部分的空间，引擎以及传动系统则位于车体后方。

行驶中的 2S25 自行反坦克炮

德国 PaK 36 反坦克炮

PaK 36 反坦克炮是二战初期德国使用的一款主要反坦克武器之一。

研发历史

20 世纪 20 年代初期，德国莱茵金属公司设计一种使用马匹牵引的反坦克炮——PaK L/45，采用木质轮子，于 1928 年正式投入战场。进入 30 年代，PaKL/45 马拉式火炮明显落后，至少在

基本参数	
口径	37 毫米
炮管长	1.66 米
重量	450 千克
操作人数	2 人
最大射速	13 发／分
最大射程	5484 米

行进速度方面比较慢。因此，莱茵金属公司以 PaK L/45 为蓝本，改进成一种可以用机动车辆牵引的火炮，即 PaK 36 反坦克炮。

PaK 36 反坦克炮局部特写

武器构造

　　PaK 36 反坦克炮是一种轻型火炮，战斗全重仅为 450 千克，火炮放在两个装有气压轮胎的大型车轮上运行，依靠炮手班人力操作火炮并不费力。它可由汽车或类似的轻型车辆牵引，并且将它放在卡车车厢上或铁路平板车上也非常容易。

PaK 36 反坦克炮侧方特写

性能解析

　　PaK 36 反坦克炮能发射穿甲弹，又能发射超口径榴弹，发射超口径榴弹时其威力足可穿透 127 毫米厚的装甲板。这种炮射榴弹利用空包弹进行发射。PaK 36 反坦克炮可执行多种任务，它的弱点是穿甲能力较差。

PaK 36 反坦克炮后侧方特写

服役记录

　　德国军队在二战期间使用的主要反坦克武器之一就是 PaK 36 反坦克炮，虽然 PaK 36 反坦克炮对一些重型坦克几乎是"攻击无效"，但对于一些轻/中型坦克还是有一定威胁的，例如法国战役中的"雷诺"FT-17 坦克，及巴巴罗萨行动中的 T-26 坦克。

保存至今的 PaK 36 反坦克炮

10 秒速识

　　PaK 36 反坦克炮使用镁合金车轮和充气轮胎代替原来的木轮，重量较

保存在博物馆中的 PaK 36 反坦克炮

德国 Pak 38 反坦克炮

Pak 38 是由德国莱茵金属公司研制的一款口径为 50 毫米的反坦克炮。

研发历史

在 PaK 36 反坦克炮服役后不久，德军就意识到它的杀伤力有限，无法胜任前线反坦克任务。所以，20 世纪 30 年代末，德军要求莱茵金属公司重新设计一款反坦克武器，以弥补当时的火力空缺。之后，莱茵金属公司以 PaK 36 反坦克炮为基础，推出了 Pak 38 反坦克炮，于 1940 年下半年正式投入量产，并批量装备部队。

基本参数	
口径	50 毫米
全长	4.75 米
炮管长	3 米
全宽	1.85 米
全高	1.05 米
重量	700 千克
操作人数	5 人
最大射速	13 发／分
最大射程	3500 米

Pak 38 反坦克炮模型图

武器构造

Pak 38 反坦克炮高低射界为 −8 度到 +27 度，Pak 38 反坦克炮非常轻便，全炮的重量只有 700 千克，加上支架不到 1 吨。

Pak 38 反坦克炮后侧方特写

性能解析

Pak 38 反坦克炮是少有的几种德军的能够贯穿 T−34 坦克的 45 毫米装甲的早期型火炮之一，这种火炮还配备了拥有钨心的"AP40"（Panzergranate 40）钨芯穿甲弹，它甚至有能力击穿 KV−1 重型坦克。当它发射 2.25 千克钢质装甲弹时，可以击穿 500 米外 78 毫米厚的垂直钢板中使用钨合金穿甲弹时，最大射程 2700 米，可击穿 500 米处 120 毫米厚的垂直钢板。

展览中的 Pak 38 反坦克炮

服役记录

　　Pak 38 反坦克炮并没有投入任何在西线的战斗，但却参加了巴巴罗萨行动。尽管 Pak 38 反坦克炮之后被更加强大的武器所取代，但仍然被使用到战争结束。

Pak 38 反坦克炮后方特写

10 秒速识

　　Pak 38 反坦克炮可以被看成是 PaK 36 的等比例放大版本，口径增加到了 60 倍。

保存至今的 Pak 38 反坦克炮

德国"猎豹"自行反坦克炮

　　"猎豹"自行反坦克炮是二战时德国以"豹"式坦克车体开发出来的一款自行反坦克炮。

研发历史

　　"猎豹"自行反坦克炮由克虏伯公司于 1942 年 1 月开始设计，11 月 16 日制成全尺寸模型。1943 年 10 月 20 日，在阿利斯试验场向希特勒展出样车。获得批准后，于 1943 年 12 月 17 日定名为"猎豹"自行反坦克炮，编号为 Sd.Kfz.173。1944 年 2 月，正式投入生产。

基本参数	
口径	88 毫米
全长	9.87 米
全宽	3.42 米
全高	2.71 米
重量	45500 千克
操作人数	3 人
最大速度	46 千米／时
最大行程	160 千米

保存至今的"猎豹"自行反坦克炮

武器构造

"猎豹"可搭载乘员5名：1名车长、1名驾驶、1名通信员、1名炮手及1名装填手。单从外形上看，"猎豹"的前倾斜甲板一直延伸到顶部，可谓简洁明快。由于基型的底盘略有不同，使其前后生产型的外观特点也有所不同，如早期的"猎豹"有一个整体炮身及两个驾驶观察镜，后期生产型则只剩下一个观察镜。

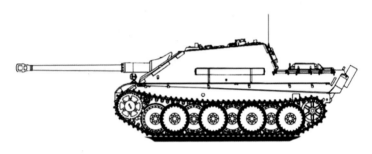

"猎豹"自行反坦克炮示意图

性能解析

"猎豹"自行反坦克炮主要武装为1门与"虎王"坦克相同的88毫米71倍口径坦克炮，并配备1挺自卫用的MG34型7.92毫米机枪。"猎豹"拥有良好的马力负载比及威力强大的主炮，可以击破盟军大部分的坦克，同时由于车身低矮，也很容易进行伪装掩护。

"猎豹"自行反坦克炮前侧方特写

衍生型号

型　号	特　点
"猎豹"	基本型
"猎豹" II	未能投产的改进型

"猎豹"自行反坦克炮前方特写

服役记录

　　"猎豹"自行反坦克炮主要配发给重装甲猎兵营并在东部战线服役，但也有相当数量的"猎豹"投入了西线突出部之役作战。盟军第一次在西线遭遇"猎豹"是在诺曼底战役中，有12辆德军第654重装甲猎兵营的"猎豹"对抗英军。

二战时期的"猎豹"自行反坦克炮

10秒速识

　　"猎豹"自行反坦克炮采用"豹"式中型坦克的底盘，保留了原车的动力装置和低矮车体，增加了一种新的上部结构。

"猎豹" 自行反坦克炮局部特写

德国"猎虎"自行反坦克炮

　　"猎虎"（德语：Jagdtiger）自行反坦克炮是二战时期德国装备的一款自行反坦克炮。

研发历史

　　德国于 1943 年 2 月开始研制"猎虎"自行反坦克炮，同年 10 月 20 日，便造出了木质模型给希特勒审查。"猎虎"自行反坦克炮的设计目的是远距离支援步兵和装甲战斗车辆。1944 年 2 月共制造了两种原型车，一种采用保时捷悬挂装置

基本参数	
口径	128 毫米
全长	10.65 米
全宽	3.6 米
全高	2.8 米
重量	71700 千克
操作人数	6 人
最大速度	34 千米／时
最大行程	120 千米

置（由 8 个负重轮组成），另一种采用亨舍尔悬挂装置（由 9 个负重轮组成）。该自行反坦克炮最初被命名为 Jagdpanzer Ⅵ（猎豹Ⅵ型），后来改成 Jagdtiger，其设计编号为 Sd.Kfz.186。原计划于 1943 年 12 月开始生产，之后改为 1944 年 7 月开始生产，但又由于需要优先生产"豹"式坦克而推迟。到了 1945 年 1 月决定优先生产"猎虎"自行反坦克炮的时候，德国恶劣的形势已经不可能进行大规模生产了。

保存在博物馆中的"猎虎"自行反坦克炮

▎▎▎▷ 武器构造

　　"猎虎"自行反坦克炮战斗室正面的装甲厚度达到了 250 毫米，从总体布局上看，"猎虎"和"虎王"坦克相同，但由于取消了旋转炮塔，再加上乘员增至 6 人，使得舱门位置有了很大的变化，特别是在固定炮塔的后部开了一个较大的双扇舱门，便于乘员上下车和补充弹药，但对防护有一定影响。"猎虎"需要 6 名乘员操纵，车体前部为驾驶员和机电员，战斗室中有车长、炮手和两名装填员。

"猎虎"自行反坦克炮示意图

▎▎▎▷ 性能解析

　　"猎虎"自行反坦克炮安装了 1 门 128 毫米的 PaK 44 L/55 型火炮（取自"鼠"式超重型坦克）以及 2 挺用于防空和自身保护的 MG34/MG42 机枪。

其火炮是二战中威力最大的反坦克炮之一，能在盟军绝大多数火炮的射击范围之外击毁盟军的坦克。

"猎虎"自行反坦克炮前侧方特写

|||> 服役记录

第一辆配发的"猎虎"是在1944年9月装备部队，约20%的"猎虎"是在作战行动中损失的，但在令人绝望的战争后期，大多数的"猎虎"是被自己乘员在弃车之后击毁的，主要是因为机械故障，甚至有时仅仅是因为缺乏燃料。

保存至今的"猎虎"式自行反坦克炮

|||> 10秒速识

"猎虎"式自行反坦克炮有一个加长的"虎王"底盘，与之相连的是一个方形的固定炮塔，侧装甲板延伸到车体顶部。

德国"追猎者"自行反坦克炮

　　"追猎者"是德国在二战中使用捷克斯洛伐克的 38(T) 式坦克的底盘改造而来的一种自行反坦克炮。

研发历史

　　1943 年 11 月，盟军轰炸了位于柏林的阿尔卡特公司，使得三号突击炮停产，德国一方面展开四号突击炮的研制，一方面要求捷克斯洛伐克的 BMM 公司（原斯柯达公司）进行三号突击炮的生产。但 BMM 公司一直是生产38(T)坦克底盘的，

基本参数	
口径	75 毫米
全长	6.38 米
全宽	2.63 米
全高	2.17 米
重量	15750 千克
操作人数	4 人
最大速度	42 千米／时
最大行程	177 千米

难以转产三号突击炮，因此提出了利用 38(T) 坦克的底盘研制新型自行反坦克炮的方案。1943 年 12 月，该方案被希特勒批准。1944 年 3 月，BMM 公司生产出 3 辆"追猎者"自行反坦克炮的原型车，自 1944 年 4 月起，"追猎者"取代"黄鼠狼 Ⅲ"自行反坦克炮（使用相同底盘）进入量产。

"追猎者"自行反坦克炮前侧方特写

武器构造

　　"追猎者"的75毫米Pak39型主炮被设计师创造性地安装在了车体正面的右侧，向右转动的角度为11度，而向左侧只有可怜的5度，而一般情况下如果按照常规的居中布置的情况下主炮向左右转动角度应均为15度。这种奇特的火炮布局也导致了该车右侧的行走系统要比左侧多承担850千克的负载，在很大程度上影响了车体的平衡性。

　　"追猎者"的车内空间过于狭窄，车长座位在车体最后方，其前方是一片平坦且没有设置观测塔的车顶。当车体前方稍微抬起时，车长的视界将大大受限，由于驾驶员、炮手和装填手的位置排成一列的被安置在车体的左侧，他们唯一的逃生之路只有位于装填手后方的舱门。

"追猎者"自行反坦克炮示意图

性能解析

　　"追猎者"的机械可靠性十分优秀，而且轮廓较小、易于隐藏，不易被敌方击中。"追猎者"的主炮能够在一定的交战距离内击毁对手，全包覆式装甲使乘员能够获得比"黄鼠狼"系列更良好的防护。

　　"追猎者"的缺点在于狭隘的主炮射界、糟糕的内部设计和视界。由于主炮射界太过狭窄，使"追猎者"有时要挪动车体才能瞄准快速移动的目标。主炮须由右侧装填炮弹，但该炮也装设于车体的极右方，因此炮手和装填手操作困难，令"追猎者"的实际射速低于预想射速。

保存至今的"追猎者"自行反坦克炮

服役记录

　　尽管有两千余辆"追猎者"装备在德军里，但毕竟是使用轻型反坦克炮，投入战场时为时已晚，所以并没有在战争中发挥作用。二战期间，瑞士军队曾以38(T)坦克为基础研发自行反坦克炮。战后，瑞士陆军于1947年到1952年间陆续从前捷克斯洛伐克进口了158辆38(T)坦克改装的"追猎者"，定名为G13自行反坦克炮，最后于20世纪70年代退役。

"追猎者"自行反坦克炮后方特写

10 秒速识

　　"追猎者"自行反坦克炮有着很特殊的外形，一体化的车身、两侧斜装甲、突出的火炮护盾，还有偏右的火炮轴线。

"追猎者"自行反坦克炮前方特写

法国 AMX-10RC 轮式自行反坦克炮

法国 AMX-10RC 轮式自行反坦克炮是法国陆军于 70 年代末期装备的一款装甲侦察车。

研发历史

AMX-10RC 轮式自行反坦克炮的最初设计工作始于 1970 年。量产作业于 1976 年展开。第一辆 AMX-10RC 自行反坦克炮于 1981 年交付予法国陆军第 2 骠骑兵团。

基本参数	
口径	105 毫米
全长	6.24 米
全宽	2.78 米
全高	2.56 米
重量	15000 千克
操作人数	4 人
最大速度	85 千米／时
最大行程	1000 千米

AMX-10RC 自行反坦克炮示意图

武器构造

　　AMX–10RC 自行反坦克炮的车体和炮塔均为全焊接的铝制结构，可调节车底距地高度。炮塔内部可容纳三名乘员，而驾驶席则位于底盘前方。该车的六个路轮皆可被独立驱动。AMX–10RC 自行反坦克炮也拥有中央路轮充气系统，用来提供车辆行驶于软性地形（如泥泞路面）时获得更好的抓地能力。所有的 AMX–10RC 自行反坦克炮都安装了核生化防护系统，这使它能在被放射线污染的环境中执行侦察任务。

AMX-10RC 自行反坦克炮及配备的武器装置

性能解析

　　AMX–10RC 自行反坦克炮装备的 105 毫米线膛炮可发射四种炮弹，分别为：尾翼稳定脱壳穿甲弹、高爆弹、反战车高爆弹以及烟幕弹，具有较强的反坦克火力。105 毫米的尾翼稳定脱壳穿甲弹可以在 2000 米的距离外穿透 NATO 装甲标靶中的第三层重甲。

AMX-10RC 自行反坦克炮前侧方特写

服役记录

在 AMX–10RC 自行反坦克炮的服役生涯中，法国军方已经对其进行过多次的现代化改装。当法国于 1991 年参与波斯湾战争时，AMX–10RC 自行反坦克炮更加装了许多附挂装甲，以及反战车导弹诱导干扰系统。

装备法国军队的 AMX-10RC 自行反坦克炮

10 秒速识

AMX–10RC 自行反坦克炮的车体和炮塔均为全焊接的铝制结构，车体上另外安装了滑动转向装置。

运输中的 AMX-10RC 自行反坦克炮

Chapter 06

防空火炮

　　防空火炮主要用于打击飞机、直升机和飞行器等空中目标。近年来，各国已研制并开始列装的高射炮与防空导弹结合于一体的防空系统堪称现代防空兵器的重要发展趋势。现代战争证明，高射炮是现代防空武器系统中的重要组成部分。在地对空导弹已成为地面防空主力的今天，高射炮在抗击低空目标中仍将发挥重要作用。

美国 90 毫米 M1 高射炮

90 毫米 M1 高射炮是美国二战期间最优秀的防空武器之一。

研发历史

二战初期，美国为加强防空火力，同时也为了完善海岸防御力，其开始研发高射炮。随后，美国借鉴了当时比较优秀的几款防空火炮的设计（如德国的 88 毫米高射炮），再结合自己的技术、生产力，以及当时的战斗环境，最终打造出了 M1 型 90 毫米高射炮。M1 高射炮是美军二战中主要的地面防空武器之一，一直沿用至 20 世纪 50 年代，才被导弹系统所取代。

基本参数	
口径	90 毫米
全长	9 米
炮管长	4.49 米
重量	8.6 吨
最大射速	22 发 / 分
操作人数	5 人
炮口初速	823 米 / 秒
最大射程	17885 米（平射）

M1 高射炮示意图

▷ 武器构造

　　M1 高射炮用于防空时通常以 4 门火炮为一组以 M7 或 M9 指挥仪及追踪仪操控。由于先天的俯仰角有问题，不足以进行平射为补兵提供火力支援。不过这一问题在其后改进型上得到了解决，主要改进了支架和电力辅助装置，这让该炮和德国的 88 毫米高射炮一样，不但能攻击空中目标也能对装甲目标进行平射。

岸炮版 M1 型 90 毫米高射炮

▷ 性能解析

　　M1 高射炮可发射榴弹、破甲弹、发烟弹，采用的信管包括机械信管、弹头信管、弹尾信管、可变时间信管，M1 高射炮全连完成射击准备时间需要 90 分钟。除了防空用途，M1 高射炮还能用于反装甲作战。

M1 高射炮后方特写

衍生型号

型 号	特 点
M1	牵引式高射炮
M1A1	牵引式高射炮，自 1940 年起生产
M2	可作高射炮及反坦克炮用途
M3	反坦克炮版本
M3A1	加装了炮膛清除器（清膛器）及炮口制退器

M1 高射炮衍生型——M2

||||▷ 服役记录

　　M1 高射炮于 1940 年起投入战场，由于其优秀的表现，美国又以其为基础推出了若干种不同用途的火炮，其中包括 M2（可作为高射炮及反坦克炮用途）、M3（反坦克炮，M36 驱逐战车和 M26"潘兴"坦克的主炮），以及 M3A1（加装了炮膛清除器及炮口制退器，是 M46"巴顿"坦克的主炮）。

M1 高射炮前侧方

||||▷ 10 秒速识

　　M1 高射炮有 32 条膛线，等齐右旋。

展览中的 M1 高射炮

苏联 85 毫米 M1939 型高射炮

85 毫米 M1939 型高射炮是苏联设计的一种防空武器。

研发历史

1939 年，面对德国坦克、飞机和火炮的攻击，毫无准备的苏联显得有些无法招架。因此，苏联一方面扩充作战人员，一方面也在大力研发和生产各种武器。例如为了应对德国坦克的进攻，苏联设计出了不少反坦克火炮，如 SU–122 自行火炮。而在对抗战机方面，苏联的高射机枪

基本参数	
口径	85 毫米
全长	7.05 米
炮管长	4.7 米
重量	4.5 吨
最大射速	10～12 发／分
操作人数	7 人
炮口初速	792 米／秒
最大射程	16000 米（平射）

明显不足以对德国战机构成较大威胁，所以研发了一些高射炮，其中就包括 M1939 型 85 毫米高射炮。

展览中的 M1939 型高射炮

武器构造

　　M1939 型 85 毫米高射炮一般安装有 4 个轮子，通过车辆的牵引便可以抵达指定的作战地点。

保存至今的 M1939 型高射炮

⫸ 性能解析

85 毫米 M1939 型高射炮不仅拥有对空、反坦克两种用途，还可以安装在坦克上，最大限度地提高了坦克战斗力。著名的 T-34 坦克就是因为装有 M1939 的改良型才成为了苏联二战中最优秀坦克之一。

博物馆中的 M1939 型高射炮

⫸ 服役记录

85 毫米 M1939 型高射炮对空的战绩非常不错，二战期间共击落了 4047 架轴心国的飞机，只是平均每击落一架飞机都要发射 598 发炮弹。战后，为了对抗北约的飞机，几乎每个华约组织的成员都采用了这款火炮在山岭地区进行防空。

M1939 型高射炮前侧方特写

⫸ 10 秒速识

85 毫米 M1939 型高射炮身管最初使用被筒，后改为单筒，采用半自动立楔式炮闩和多侧孔炮口制退器。

M1939 型高射炮前方特写

苏联 23 毫米 ZU–23–2 双管高射炮

ZU–23–2 是一款由苏联研制及生产的拖曳式双管高射炮。

研发历史

20 世纪 50 年代后期，苏联研制了 ZU–23–2 高射炮。它被设计为攻击 2500 米范围内的低空飞行目标以及在 2000 米范围内的装甲车，并为部队和战略性位置给予对于通常由直升机和低空飞行的飞机来进行的空中突击的直接防御。1955 年，

基本参数	
口径	23 毫米
全长	4.57 米
炮管长	2 米
重量	0.95 吨
最大射速	400 发／分
操作人数	6 人
最大射程	2500 米

KBP 公司呈列了单管型 ZU–1 和双管型 ZU–14。虽然前者最终没被采用，但 ZU–14 被选中了，并在经过一些修改以后，以 ZU–23–2 之名进入大量生产。在苏联解体前大约生产了 14 万门 ZU–23–2 高射炮。

士兵正在使用 ZU-23-2 双管高射炮

武器构造

　　ZU-23-2 可以由许多不同车辆来拖曳。在苏联和后来的俄罗斯中最经常使用以拖曳它的牵引车辆是 GAZ-66 四轮驱动式卡车和 GAZ-69 四轮驱动式轻型卡车。ZU-23-2 所使用的弹药是由两盒弹箱通过一条柔性输弹带来进行供弹。每个弹箱位于两门机炮的侧部，并各自携带 50 发。在武器射击期间所产生的一部分烟雾气体会通过炮管侧面的开口散去。通常情况之下，每根炮管发射了 100 发的话，它就会变得过热，并因此需要更换备用炮管。每件武器通常设置有两根替换炮管作为其标准配备部件。

ZU-23-2 双管高射炮示意图

性能解析

ZU-23-2 是在一台小型拖车上安装了两门 2A14 23 毫米高射炮，它也可以转换成固定炮架状态以进行实弹射击。该炮可以在 30 秒内在行军状态下准备射击，以及在紧急情况以下可于行进状态时射击，由 ZAP-23 光学机械瞄准具的协助下作手动瞄准和射击；而瞄准镜使用手动输入的目标数据，以提供有限度的自动瞄准。ZU-23-2 高射炮还具有 T-3 直管望远镜，可以在对付地面目标，例如步兵，以及无装甲或轻型装甲车辆的时候使用。

正在发射炮弹的 ZU-23-2 双管高射炮

衍生型号

型 号	特 点
ZU-23M	具有新型的瞄准系统
ZU-23M1	配有一个升级型火控系统，并可以选择安装两台"伊格拉"系列短程防空导弹发射器

ZU-23-2 双管高射炮侧方特写

服役记录

1960 年，ZU-23-2 高射炮开始在苏联军队服役。在 1979 年的阿富汗战争中，苏联军队投放了整套 ZU-23-2 高射炮，以确保占领地区的防空。

装备俄罗斯的 ZU-23-2 双管高射炮

10 秒速识

ZU-23-2 高射炮的运输炮架是以早期型的 ZPU-2 防空双管重机枪为蓝本，可以通过不同位置的弹箱（与炮架成直角）和炮口消焰器来识别。

©Chris "Toadman" Hughes

ZU-23-2 双管高射炮前方特写

苏联 2K22 自行防空系统

　　2K22 自行防空系统是苏联于 20 世纪 70 年代开始研制的一款防空武器系统，绰号"通古斯卡"（Tunguska）。

研发历史

　　2K22 防空系统的开发始于 1970 年 6 月 8 日。在苏联国防部的要求下，任命 KBP 仪器设计局开发一款以取代 23 毫米 ZSU-23-4 的自行高射炮，项目代号为"通古斯卡"。

基本参数	
口径	30 毫米
全长	7.9 米
全宽	3.25 米
全高	4 米
重量	35 吨
操作人数	4 人
最大速度	65 千米／时
最大行程	500 千米

展览中的 2K22 自行防空系统

◆ 武器构造

　　2K22 自行防空系统全车搭载乘员 4 人，分别是车长、炮长、雷达操纵手和驾驶员。前 3 名乘员位于炮塔内，驾驶员位于车体前部左侧。变速箱为液力机械式，每侧 6 个双轮缘负重轮、3 个托带轮，主动轮在前，诱导轮在后，悬挂装置为扭杆式。车内还有燃气轮机辅助动力装置、三防装置、陀螺仪导航系统、自动灭火抑爆装置和加温供暖装置等。

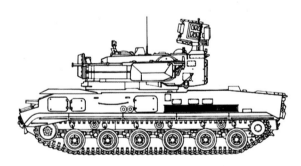

2K22 自行防空系统示意图

◆ 性能解析

　　2K22 自行防空系统的火炮武器是 2A38 型 30 毫米双管高炮，采用电击发。两门火炮交替射击，可以相互补偿后坐，减小后坐力。在炮塔两侧配有 8 枚 9M311 型防空导弹，发射筒为双排配置，可以单独俯仰操纵。9M311 导弹可打击飞行高度 3500 米以下、距离 800 米以内、速度在 500 米 / 秒以下的空中目标。

展览中的 2K22 自行防空系统

衍生型号

型 号	特 点
2K22	原车辆系统
2K22M	量产型号
2K22M1	基于 GM-5975 车辆底盘所制造的新型改良版防空系统

2K22 自行防空系统衍生型——2K22M

服役记录

1986 年年初，2K22 自行防空系统首先装备了苏联驻民主德国的坦克团团属防空连。作为世界最顶尖的高炮武器系统，2K22 "通古斯卡"自行防空系统诞生以来从没参加过对空实战，仅参加过一次地面战争。

2K22 自行防空系统前方特写

10 秒速识

2K22 自行防空系统采用了 GM–352M 型履带式底盘，车体为钢装甲焊接结构。

正在行驶的 2K22 自行防空系统

苏联 ZSU-23-4 自行防空炮

ZSU-23-4 是苏联于 20 世纪 60 年代开始研发的第二代自行防空炮。

研发历史

　　ZSU-23-4 自行高炮又名"石勒喀河"，取代了第一代光学瞄准、人力操控的 ZSU-57-2 防空炮，用于伴随坦克团、摩托化步兵团行进间超低空防空，曾被认为是"世界上最优秀的自行防空武器"。

基本参数	
口径	23 毫米
全长	6.54 米
全宽	3.13 米
全高	3.57 米
重量	19 吨
操作人数	4 人
最大速度	50 千米／时
最大行程	450 千米

行驶中的 ZSU-23-4 自行防空炮

武器构造

　　ZSU-23-4 自行防空炮的底盘来自 PT-76 两栖坦克，但由于车重增加和已拆除水中推进系统，故 ZSU-23-4 自行防空炮不能在水上行驶。ZSU-23-4 自行防空炮加装了 1 台 RPK-2 对空雷达，该雷达被安装在炮塔后方，必要时可平放收起，其工作波段为 J 波段，能完成搜索、识别、跟踪和测距。该雷达的搜索距离是 20 千米而跟踪是 8 千米，和此雷达匹配的是 1 个火控计算机去构成 1 个电子射控系统，但其缺点是不具备多目标作战能力，在受到电子干扰时可改用光学瞄准器。

ZSU-23-4 自行防空炮结构图

性能解析

ZSU-23-4 自行防空炮重量轻，机动性好，射击精度高，火力密度大，能协同坦克与机械化步兵部队作战，具有三防作战能力。其武器装备包括 4 门 23 毫米口径机炮，此机炮改良自空用的 AM-23 机炮而且由油压推动和稳定，一辆 ZSU-23-4 自行防空炮可装载 2000 发 23 毫米口径炮弹，分别装载于 40 个弹药箱内。

保存在博物馆中的 ZSU-23-4 自行防空炮

服役记录

1967 年第三次中东战争是 ZSU-23-4 自行防空炮首次投入实战，总共击落了 31 架以色列空军战机，1973 年第四次中东战争当中以色列军掳获了一批 ZSU-23-4 自行防空炮并送往美国做研究，后来美国军方规定所有军用机和军用直升机都至少要抵挡得住 ZSU-23-4 自行防空炮的炮弹攻击。2011 年的利比亚内战当中也有 ZSU-23-4 自行防空炮参战。

ZSU-23-4 自行防空炮前侧方特写

10 秒速识

　　ZSU–23–4 自行防空炮的最大特点是采用了雷达指挥仪系统，雷达被安装在炮塔后方，是世界上最早将雷达装到自行防空炮上的车型之一。

ZSU-23-4 自行防空炮后方特写

德国 FlaK 40 式高射炮

FlaK 40 式高射炮是德国二战期间所使用的一款火炮。

研发历史

FlaK 40 式高射炮的研发始于 1936 年，由莱茵金属公司研发。第 1 门原型火炮在 1937 年晚期投入了测试，并且成功地通过了测试。这种火炮处于战斗状态时重量接近于 12 吨。作为结果，它的炮管在运输时必须被取下。但是测试显示，这种方法根本行不通，于是在 1938 年，该种方案被放弃。最终，莱茵金属公司决定简化开火平台，为了达到这个目的，这种火炮必须被牢牢地固定在水泥板上。这套装置的总重量达到了 26.5 吨。因此，也让跨国运输变得不可能。不过，最终这种火炮还是于 1942 年投入了生产。但由于工艺复杂，造价高昂，其生产数量不多。

基本参数	
口径	128 毫米
全长	7.83 米
全高	3.165 米
重量	12 吨
操作人数	3 人
炮口初速	880 米／秒
最大射程	10675 米（平射）

保存在博物馆中的 FlaK 40 式高射炮

武器构造

FlaK 40 式高射炮操作席在后期增加了供装填手站立的平台，而且装填结构也被装在了火炮的后面，加上采用德国火炮惯用的半自动水平楔式炮闩和液压复进装置，三者结合使其射程更远。FlaK 40 式高射炮有四门双联的型号被安装在动物园高射炮塔，还有一些被安装在了柏林、汉堡、维也纳的高射炮塔中。大约有 200 门被安装在了有轨车上，让其拥有了一些机动性。

FlaK 40 式高射炮后方特写

性能解析

　　FlaK 40 式高射炮发射一种 27.9 千克的炮弹，有 880 米/秒的初速度，以及远达 14800 米的最大射程。相比其他同类型、不同口径的火炮而言，FlaK 40 式高射炮拥有加大的杀伤力，其口径达到了 128 毫米。这使得该火炮不仅火力强劲，而且在攻击移动目标时更容易。

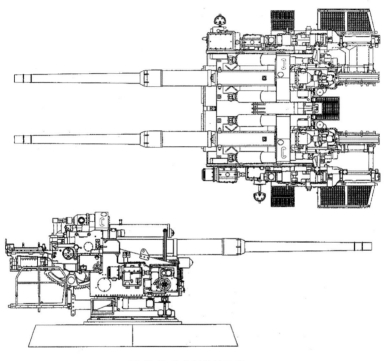

FlaK 40 式高射炮结构图

衍生型号

型 号	特 点
FlaK 40	基本型
双联 FlaK 40	双联型号，主要安装在防空炮塔上
PaK 40	衍生的反坦克炮

FlaK 40 式高射炮局部特写

服役记录

　　二战时，面对在已经能够在 1 万米以上高空飞行且结构坚固的轰炸机，当时各个参战国都研发口径至少达 100 毫米、射程至少达 1 万米的重型高射炮，其中又以德国方面研制的 Flak 40 型 128 毫米的重型高射炮最为引人注目。

FlaK 40 式高射炮局部特写

10 秒速识

　　Flak 40 高射炮底座则由"十"字形发展到后来更稳固的"工"字形，没有安装瞄准的器具。

FlaK 40 式高射炮侧方特写

德国 88 毫米高射炮

88 毫米高射炮被公认是德国二战中的最强火炮之一，有多种型号。

研发历史

一战过后，军用飞机技术与发动机技术的飞速发展，使得军用飞机的飞行高度和速度大大提高。在一战中小小修改就可以对空的火炮，再也不能满足需求。这意味着当时现存的防空炮几乎全部失去了作用，然而当时只有很少的国家针对这种个状况设计新型的防空炮。

基本参数	
口径	88 毫米
全长	5.8 米
炮管长	4.9 米
重量	7.4 吨
操作人数	9 人
最大射速	15 ～ 25 发／分
炮口初速	820 米／秒
最大射程	11900 米（平射）

根据这种状况，德国军方决定设计一种比以前威力更为强大的防空炮。这种新型火炮要有更高的出膛速度以保证射击高度，并且要有更高的射击速度。然而在一战中战败的德国受《凡尔赛和约》的限制，几乎被禁止制造任何武器。为了躲开条约的限制，德国决定由克虏伯公司与瑞典的波佛斯公司共同研制这种新武器。最初设计的原型为 75 毫米口径，在军方的要

求下，被改为 88 毫米口径，以适应射程、威力等更高的要求。

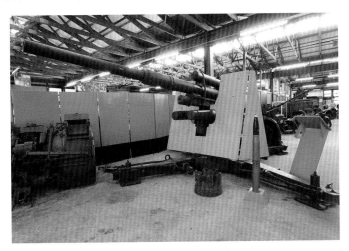

保存在博物馆中的 88 毫米高射炮

▌▌▌▷ 武器构造

88 毫米高射炮炮管分成两部分，可以互相替换，节省了材料和人工。当发射时，由电击发，炮闩为滑动闩。操作员可发射多达 15~25 发 / 分。

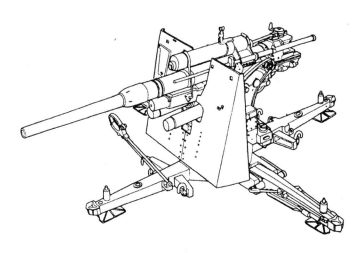

88 毫米高射炮结构图

性能解析

　　88毫米高射炮在二战中并不是只因为它的防空性能而闻名，而是由于它的多用途性，尤其是反坦克能力。由于设计思想超前，直到战争结束时也并不落后。

展览中的88毫米高射炮

衍生型号

型　号	特　点
FlaK 18	装备了新型的半自动装填装置
FlaK 36	可以在移动状态攻击地面目标
FlaK 37	单用途防空炮
FlaK 41	加长了炮身和弹长
PaK 43	反坦克型

88 毫米高射炮后侧方特写

服役记录

　　1940 年 5 月，隆美尔指挥的第 7 坦克师从比利时向法国的敦刻尔克挺进，中途遭遇到了英军一批重型坦克的反击，面对英军的坦克，德军的 PaK 36 反坦克炮对其束手无策。这时 88 毫米高射炮的炮口对准英军坦克，展开了猛烈的还击。结果，英军的 9 辆坦克被瞬间击毁，不得不立即撤退。

88 毫米高射炮前侧方特写

⫸ **10 秒速识**

88 毫米高射炮底部有十字支架，十字架装有两对转向架。

博物馆中的 88 毫米高射炮

德国"猎豹"自行防空炮

"猎豹"防空炮（Flakpanzer Gepard）是德国于 1966 年开始研制的一种 35 毫米双联装自行防空炮。

研发历史

"猎豹"自行防空炮（Flakpanzer Gepard）是德国于 1966 年开始研制的一种 35 毫米双联装自行防空炮，堪称当今世界战术技术性能最优越、结构最复杂的防空系统之一。"猎豹"自行防空炮总共生产了 570 辆。

基本参数	
口径	35 毫米
全长	7.68 米
全宽	3.71 米
全高	3.29 米
重量	47.5 吨
操作人数	3 人
最大速度	65 千米／时
最大行程	550 千米

"猎豹"自行防空炮模型图

武器构造

　　"猎豹"自行防空炮操作成员有3人，炮塔上配备2门由瑞士生产的35毫米KD机炮和一个由德国西门子公司研发的对空搜索雷达，炮塔前方还有一个目标追踪雷达，此外还装有射控电脑和敌友识别器。防空作战时由车长操作对空和追踪雷达，再由炮手瞄准开火。

"猎豹"自行防空炮侧方特写

性能解析

　　"猎豹"自行防空炮的主要武器为2门35毫米KD机炮，配备320发高爆弹和20发反坦克穿甲弹。

正在开火的"猎豹"自行防空炮

▐▐▐▐▶ 服役记录

　　"猎豹"自行防空炮自 1976 年起装备部队并取代已过时的美制 M42 防空坦克，除德国使用外，还有荷兰、比利时、智利、巴西等国都有装备"猎豹"自行防空炮。

展览中的"猎豹"自行防空炮

▐▐▐▐▶ 10 秒速识

　　"猎豹"自行防空炮是使用"豹"1 坦克的车身（在车首加装了一个 70 千瓦的辅助柴油机）再加上 1 个防空炮塔。

博物馆中的"猎豹"自行防空炮

德国四号 "家具车" 自行防空炮

四号 "家具车"（IV Möbelwagen）是德国二战中使用的一款自行防空火炮，也叫防空坦克。

研发历史

二战中，在德国坦克型号里，产量最多的莫过于四号中型坦克（接近1万辆）。一方面，这么庞大的坦克部队，如果用于多种作战模式，无疑是最完美的选择；另一方面，在二战中，各参战国的空中武器——飞机，其火力也不容小觑，对

基本参数	
口径	37 毫米
全长	5.92 米
全宽	2.95 米
全高	2.73 米
重量	24 吨
操作人数	6 人
最大速度	38 千米 / 时
最大行程	200 千米

德军构成了不小的威慑力。有鉴于此，德军开始合理利用产量巨大的四号中型坦克，将其一部分打造成了四号 "家具车" 自行火炮，用于防空任务。在二战中后期，由于其他更新型同类武器的出现（如四号 "旋风"、四号 "东风" 等），四号 "家具车" 自行火炮逐步被淘汰。

保存在博物馆中的四号"家具车"自行防空炮

武器构造

　　四号"家具车"式防空坦克是以四号中型坦克的底盘作为基础，配以一个方形的中空炮塔而成的。炮塔的四面安装上了 10 毫米的装甲（后来更替换成 20 毫米装甲），这些装甲可以随意地放下，让炮塔内的防空炮能360 度旋转，以扩大射击角度。炮塔的装甲可以完全合上，以作保护炮塔内的乘员，但此时它的火力便不能完全发挥，只能作出小型火力的攻击。

四号"家具车"自行防空炮示意图

▶ 服役记录

　　1944 年 6 月 15 日，德国军方率先在陆军第九、第十一及第一百一十六装甲师配备了四号"家具车"自行火炮，并尽数送往西线战场抗击盟军。同年 7 月，第六、第十九装甲师也分配了些四号"家具车"自行火炮，但数量都不多。

二战时期的四号"家具车"自行防空炮

▶ 10 秒速识

　　大多数的"家具车"防空火炮都是使用四号坦克 H 形或 J 形的底盘，而这两款型号都没有装配回转装置，令炮塔无法自由转动。

保存至今的四号"家具车"自行防空炮

德国四号"旋风"自行防空炮

四号"旋风"（Ⅳ Wirbelwind）是二战后期德军以四号中型坦克底盘为基础研制出的一款自行防空火炮。

研发历史

在"家具车"自行火炮被制造出来后不久，德军就开始研制更新型的防空自行火炮。原因有二：其一，四号"家具车"自行火炮存在很多的设计漏洞，比如全火力射击时，缺乏对乘员的保护措施；其二，盟军的空中打击力量越来越强，致使德军开始无力抗衡。为此，德军同样以四号中型坦克的底盘为基础，设计出了四号"旋风"自行火炮。

基本参数	
口径	20 毫米
全长	5.89 米
全宽	2.88 米
全高	2.76 米
重量	22 吨
操作人数	5 人
最大速度	40 千米／时
最大行程	200 千米

四号"旋风"自行防空炮前方特写

武器构造

　　虽然顶部封闭式的设计可防止敌军投入手榴弹，但由于该车的四只高射炮在开火时会产生大量的浓烟，故采用开放式。炮塔内虽然能容纳1名射手以及2名装填手，但是担任指挥的分队长却无法搭乘，只能在车外指挥，导致安全性跟协调性、沟通性不足，效率上反而比"家具车"式防空坦克差。

性能解析

　　四号"旋风"自行防空炮是"家具车"防空坦克的改进版，一定程度上弥补了"家具车"的缺点，大大提高了当时德军的防空能力。装甲化和高射速的火力使"旋风"自行防空炮对攻击地面人员目标时有不错的效果。不过由于不少车辆是由送回维修的Ⅳ号修改而来，因为没有炮塔电动回转装置的关系，所以人工操作炮塔回转速度不足，导致常常无法紧追着射击的目标飞机。

保存至今的四号"旋风"自行防空炮

服役记录

德军共制造了87~105辆的"旋风"式自行防空火炮，但由于东建筑工程公司和德国国防军记录的差异有出入，实际数字仍是未知。

四号"旋风"自行防空炮局部特写

10秒速识

"旋风"式以拆去炮塔的四号坦克为底盘，换成开放式九角形炮塔，并装备了4只20毫米Flak 38高射炮。

四号"旋风"自行防空炮方侧写

德国四号"东风"自行防空炮

Flakpanzer IV
„Ostwind"

　　四号"东风"自行火炮（IV Ostwind）是二战后期德军以四号中型坦克底盘研制出的一款防空武器，也被叫作"东风式自行防空炮"。

研发历史

　　四号"旋风"自行火炮的设计已经很优秀了，但其安装的 20 毫米 Flak 43 高射炮杀伤力在面对盟军较厚的装甲时，略有不足。因此，德军立马采取了相应措施，再一次打造了新型防空坦克。同样是以四号中型坦克的底盘为基础，推出了四号"东风"式防空坦克。

基本参数	
口径	37 毫米
全长	5.92 米
全宽	2.95 米
全高	3 米
重量	25 吨
操作人数	5 人
最大速度	38 千米／时
最大行程	200 千米

四号"旋风"自行火炮前侧方特写

武器构造

　　除了作为防空武器外，其速射炮也是一种对抗轻型坦克、装甲车和小型防御工事非常有效的武器。虽然四号"东风"自行防空炮顶部封闭式的设计可防止敌军投入手榴弹，但由于该车在开火时会产生大量的浓烟，故采用开放式。

四号"东风"自行防空炮示意图

▌▌▌▶ 性能解析

　　四号"东风"自行防空炮是该系列火炮中较为完善的一款，无论是防御力，还是攻击力都较优秀，四号"东风"自行防空炮主要改进了"旋风"自行火炮的射程、装甲炮塔，以及作为次武器 MG-34 重机枪，战斗力比前两款有了质的飞跃。在战争期间，德军共约制造了 45 辆四号"东风"自行防空炮。

二战时期的四号"东风"自行防空炮

▌▌▌▶ 10 秒速识

　　四号"东风"式自行防空炮以拆去炮塔的四号中型坦克为底盘，换成开放式六角形炮塔，装备了 37 毫米 Flak 43 高射炮。

四号"东风"自行防空炮上方视角

瑞典"博福斯"M34 高射炮

"博福斯"M34 高射炮是由博福斯（Bofors）公司设计生产的一种高射炮。

研发历史

1928 年，瑞典海军要求博福斯公司设计一种威力大，能用一发即可致敌机于死地的舰载型高射炮，口径被设定为 40 毫米。1932 年，第一门 40 毫米样炮完工并被安装在舰上进行了试射，被命名为

基本参数	
口径	40 毫米
炮管长	4.41 米
重量	2 吨
操作人数	3 人
最大射速	80 发／分
炮口初速	881 米／秒
最大射程	7160 米（平射）

M32 型。在得到海军的认可后，博福斯公司又开始以 M32 型为基础改进了适合陆军装备的牵引式 40 毫米高射炮，它能够有效对付中、低空的空中目标。1934 年，众多国外军事代表团先后抵达瑞典进行考察，他们都对博福斯公司的牵引式 40 毫米高射炮表示出了极大的兴趣，纷纷提出了采购意向。而后，国外代表团对样炮提出了一些改进意见。于是，博福斯公司针对他们的意见，对牵引式 40 毫米高射炮进行了修改，最终形成了 M34 高射炮。

保存至今的"博福斯"M34 高射炮

武器构造

　　M34 高射炮开放式的结构给了炮手极大的操作空间，但同时也带来了防护性差的缺点。上部炮架同炮身相连，包括高低机、平衡机、瞄准机构和耳轴；下部炮架呈"十"字形，主要包括旋转机构，与底盘连为一体。M34 高射炮从牵引状态转为战斗状态时需要将炮轮收起，但遇到紧急情况时也可在牵引状态下立即投入战斗。底盘通过牵引杆与牵引车辆相连接，车轴前部装有 1 套阿克曼（Ackerman）式转向系统。在行军状态下，炮口转向后方，被底盘后部的行军固定架锁住。

　　M34 高射炮的火炮部分包括了炮管、炮身和供弹机构。炮管采用气冷式冷却方式，长度为 56 倍口径。炮膛后部是直立楔式炮闩，开关炮闩的动作一般通过火炮后坐自动完成，但必要时也可由人工完成。首发炮弹必须由装填手手工装填。位于炮膛上方的供弹机构拥有 3 排导轨，每排能够容纳一个 4 发炮弹的弹夹。弹夹会被自动移除，每次只有一发炮弹被压入炮膛。

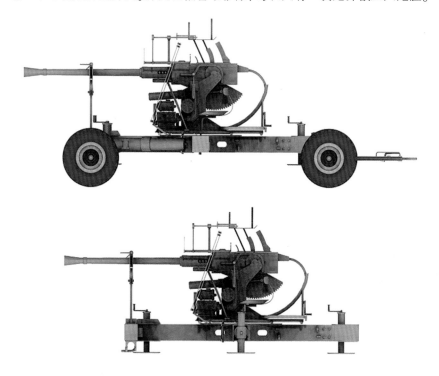

"博福斯" M34 高射炮示意图

性能解析

M34 高射炮的理论最高射速可达到 140 发 / 分，但由于受到装弹速度限制，实际最高射速只能达到 80 发 / 分。最初，M34 型高炮只配备高爆曳光弹一个弹种。其弹头安装着发引信，重量为 1 千克，连同弹壳和装药整发炮弹重约 2.15 千克。后来，博福斯公司又逐渐为 M34 型高炮研制了高爆弹、训练弹以及穿甲弹等新弹种。

博物馆中的"博福斯"M34 高射炮

服役记录

自 20 世纪 30 年代诞生后，"博福斯"M34 高射炮就被大量出口、特许生产、仿制或改进，由此成为二战中使用得最为广泛的一种高射炮。

"博福斯"M34 高射炮侧方特写

⫸ 10 秒速识

　　"博福斯" M34 高射炮的炮车底盘采用双轴式 4 轮布局，拥有一个轮式炮车底盘，炮架和所有操控部件全部置于其上。上部炮架同炮身相连，下部炮架呈"十"字形。前部和后部支撑架为箱形钢梁，左右两侧支撑架为可收放式。

瑞典士兵与"博福斯"M34 高射炮

瑞士厄利孔 GDF 双管高射炮

　　厄利孔 GDF 是由瑞士军备制造商厄利孔公司（2009 年与莱茵金属公司合并后更名为莱茵金属防空公司）研制及生产的一款拖曳式双管高射机炮。

研发历史

　　20 世纪 50 年代后期，瑞士厄利孔公司研发了供陆军使用的 35 毫米高射炮。1959 年完成了首门样炮，称 GDF-001 式。之后又在 GDF-001 的基础上研制除了 GDF-002 式 35 毫米双管高射炮，1962 年下半年正式投产。

基本参数	
口径	35 毫米
全长	7.8 米
炮管长	3.15 米
全高	2.6 米
重量	6.3 吨
最大射速	550 发／分
炮口初速	1175 米／秒
最大射程	9500 米

装备瑞士的 GDF 双管高射炮

武器构造

　　厄利孔 GDF 双管高射炮系统采用双联式机炮结构，发射 35×228 毫米北约标准弹药。该系统有着直接瞄准、通过先进的瞄准系统，或是更为自动化的，通过雷达锁定目标三种瞄准方式。早期的型号携带 112 发准备开火的弹药，并在底盘存储额外的 126 发以备重新装填。以后的版本具有自动重新装填功能时共携带 280 发弹药。一场典型的战役中需要进行 28 发连射。

日本生产的 GDF 双管高射炮

性能解析

厄利孔 GDF 双管高射炮自动化程度高、射速快、精度高。火力反应时间仅为 4.5 秒，系统锁定目标后，可在 2 秒内发射出 40 发炮弹。除此之外，该炮配备的火控系统(防空卫士火控系统)性能较先进,具有全天候作战能力。该炮可用卡车牵引也可用飞机空运，机动性能好，可用于复杂地形作战。

装备奥地利的 GDF 双管高射炮

衍生型号

型 号	特 点
GDF－001	XABA 瞄准具
GDF－002	改进的费朗蒂瞄准具和数字数据总线
GDF－003	少规模的增强功能
GDF－005	内置电源和诊断功能
GDF－006	整合 AHEAD 炮弹
GDF－007	GDF－005 的升级版本

GDF-007

||||▷ 10 秒速识

　　GDF 双管高射炮身管制退器的特征明显，侧面为框形测速线圈，除炮口外，前部有两道固定段。射击时四轮可倒放外翻，炮身由三个千斤顶支撑。

GDF 双管高射炮侧方特写

日本35毫米87式自行防空炮

87式自行防空炮（Type 87 self-propelled anti-aircraft gun）是日本于20世纪70年代末开始研制的一款35毫米双联装自行防空炮。

研发历史

日本在1970年为了取代美国提供的M42自行高射炮及M15A1防空炮，在1978年开始设计新型自行防空装甲车辆。当初预计使用退役的61式战车车体来节省经费，但是炮塔过大61式战车炮塔环不能承载，后来采用74式战车车体于1982年开始试制，原型车于1983年完成，测试于1987年完成后服役。目前，原型车还在日本自卫队展示中心展示。

基本参数	
口径	35毫米
全长	7.99米
全宽	3.18米
全高	4.4米
重量	38吨
最大射速	550发／分
最大速度	53千米／小时
最大射程	300千米

87 式高射炮前侧方特写

武器构造

　　87 式自行防空炮是由炮身、摇架、反后坐装置、高低机、方向机和装填机等部分组成,底盘采用日本74式主战坦克底盘,因此具有较强的机动性。车体内安装有辅助发动机,用以驱动液压装置和发电机。87 式自行防空炮装备了较先进的火控系统,包括搜索雷达、跟踪雷达、激光雷达、电视摄像跟踪系统等多种装置,具有较强的抗电子干扰能力,但使用和维修较复杂。

87 式高射炮局部特写

性能解析

87 式自行防空炮安装有新型炮塔，炮塔上装备 2 门 35 毫米机炮，射速为 550 发 / 分，携带 300 发榴弹和 20 发穿甲弹。该炮机动能力强，射速高，精度高。由于采用了 74 式主战坦克底盘，因此具有较强的越野能力和较快的机动速度，能够为机械化部队作战提供有效掩护。它的自动化水平较高，实现了跟踪、搜索、处理、射击、保障一体化，有单车作战能力，火力反应速度快，采用雷达跟踪与光学跟踪重复配置，可在多种条件下执行火力掩护任务。火炮配备有初速测量装置，歼毁率较高。87 式自行防空炮对空中或地面目标都有优秀的表现，不过目前配备单位任务仅针对空中目标。

87 式高射炮进行列队行驶

10 秒速识

87 式自行防空炮采用瑞士 KDA35 毫米口径的机关炮，身管有纵向散热槽，炮口配备炮口初速测量装置。两个身管位于炮塔两侧，炮塔前部呈方形，位于车体中前部，炮塔后端依次配置了圆形跟踪雷达和棒状搜索雷达，搜索雷达支臂向后上方托举跟踪雷达。

正在开火的 87 式高射炮

装备日本自卫队的 87 式高射炮

日本 75 毫米 88 式高射炮

75 毫米 88 式高射炮是 20 世纪 20 年代日本研制的用于野战防空和要地防空的一款高射炮。

研发历史

1925 年，日本军方《甲第 218 号》发布了高射炮的研究方针，同时向国内兵工厂发出了试制高射炮的订货。1925 年，日本大阪兵工厂率先设计出了样炮，并于次年交于日本陆军野战炮兵学校进行测试，通过测试后定型为 75 毫米 88 式高射炮。就二战期间而言，75 毫米 88 式高射炮与其他同类武器相比非常落

基本参数	
口径	75 毫米
全长	5 米
炮管长	3.2 米
全高	2.01 米
重量	1.4 吨
最大射速	20 发／分
炮口初速	720 米／秒
最大射程	13800 米（平射）

后了，但是它对日本防空武器的发展累积了许多经验，而且该炮自身也有许多创新的地方，略有摆脱仿制欧洲产品的步调。

战壕中的 75 毫米 88 式高射炮

武器构造

75 毫米 88 式高射炮的基本构造来自于十一年式 70 毫米高射炮。跟日本陆军习惯机动性一样，该炮为了减轻重量做了大量复杂细致的工作，这也导致了该炮寿命不长、耐久度不高。

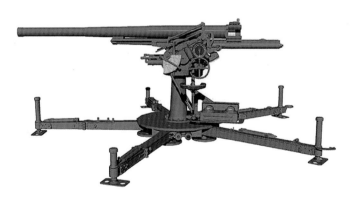

75 毫米 88 式高射炮示意图

▐▐▐▐▷ 性能解析

75 毫米 88 式高射炮在实战中表现并不好，用于反坦克时出现驻退机结构脆弱的毛病，发射个位数炮弹后会发生驻退机破损而不得不遗弃的窘态；而用于防空作战任务时，常常发生因长时间的连续射击导致驻退机损害的事故。

野外阵地的 75 毫米 88 式高射炮

▐▐▐▐▷ 服役记录

75 毫米 88 式高射炮在硫磺岛战役与冲绳岛战役中使用穿甲弹来打击美军的 M4 谢尔曼坦克。在日本本土防空作战中，该高射炮有效射高仅 7250 米，使其无法打击美军巡航作战高度在 9710 米的 B-29 "超级堡垒" 轰炸机。

75 毫米 88 式高射炮侧方特写

▐▐▐▐▷ 10 秒速识

75 毫米 88 式高射炮通常由 94 式 6 轮汽车或者 4 吨的汽车牵引，牵引时速为 12 ~ 14 千米 / 时，必要时可以提升到 18 千米 / 时。

拖曳中的 75 毫米 88 式高射炮

Chapter 07

舰 炮

　　舰炮是以水面舰艇为载体的传统海军武器，曾经是海军舰艇主要的攻击武器。可执行对空防御、对水面舰艇作战、拦截掠海导弹和对岸火力支援等多种任务。

美国 406 毫米 MK7 型舰炮

MK7 型舰炮是世界上已知威力与"大和"级 460 毫米主炮威力不相上下的舰炮。

研发历史

基本参数	
口径	406 毫米
全长	20.73 米
炮管长	20.3 米
重量	121529 千克
炮口初速	762 米／秒
最大射程	38 千米

美国海军军备局（Bureau of Ordnance）在设计"爱荷华"级战列舰时，原本计划使用装备在"南达科他"级战列舰（South Dakota Class）的 MK2 舰炮，但是海军军备局决定"爱荷华"级战列舰要装配更轻、更紧致的全新三联装炮塔，MK2 舰炮由于过于庞大无法装进新式炮塔，于是要发展 MK7 舰炮来配合新式炮塔。

正在开火的 MK7 型舰炮

武器构造

MK7 舰炮原本打算要使用较轻的 Mark5 穿甲弹来射击，但填弹系统要重新设计。改用 Mark8 超重型穿甲炮弹，使得在"爱荷华"级战列舰以前的各型战舰火力都被比了下去，后来日本海军的"大和"级战列舰以 460 毫米 45 倍口径 94 式舰炮火力超越 MK7，成为世界第一战舰主炮。

MK7 舰炮

性能解析

由于可以射击较重的 2700 磅炮弹，所以 Mk7 舰炮虽然重量只有"大和"号 94 式舰炮的四分之三，但威力与 94 式舰炮几乎相同。使用 Mark8 超重炮弹，使得"爱荷华"级、"南达科他"级与"北卡罗来纳"级战列舰在所有战列舰中有最厚重的船舷，因此可以抵挡 94 式舰炮的恐怖威力，这也是南达科他级与北卡罗来纳级这些条约规范船舰当初的主要考量。

MK7 舰炮开火瞬间

10 秒速识

MK7 型舰炮为 MK2 型的现代化改进型，采用三联装，发射药包可以使用电子式或击发式点火。

MK7 舰炮发射时的威力

美国 25 毫米 MK38 型舰炮

Mk 38 型舰炮是美海军战舰上的一种自卫近程防御武器，提供舰艇自防卫能力。

研发历史

20 世纪 60 年代，美国海军在小口径舰炮方面只配备了厄利孔 20 毫米舰炮，在反应速度、打击威力等方面已经不适应未来的需求。20 世纪 70 年代末，美国海军开始了新一代小口径舰炮系统的研制工作，作为厄利孔 20 毫米舰炮的替代装备。这种新型舰炮被命名为 25 毫米 MK38 型舰炮系统。

基本参数	
口径	25 毫米
炮管长	2.175 米
重量	1042 千克
身管寿命	25000 发
最大射速	180 发 / 分
炮口初速	1100 米 / 秒

发射中的 MK38 型舰炮

武器构造

　　MK38 型舰炮是一种遥控式 25 毫米小口径舰炮系统，采用了北约标准的 M242 25 毫米链式炮弹，以 180 发 / 分的射速发射美国海军提供的 25 毫米弹药，炮座贮弹量 168 发。该舰炮系统 4 轴稳定光电传感器可提供全方位的实时监视能力。

MK38 型舰炮示意图

⫸ 性能解析

　　MK38型舰炮可以安装在大型水面舰艇、辅助船只上，对抗近距离内的敌方小型快艇、蛙人、漂浮式水雷等海上目标，还可以安装在小型巡逻艇上，对沿岸的敌方士兵、轻型装甲车辆和恐怖分子发动攻击。该系统的有效射程超过2000米，具有较强的自动化功能，能够对付多种水面目标。

MK38型舰炮上方视角

⫸ 衍生型号

型　号	特　点
MK38 Mod1 型	单管，空气冷却，半自动／全自动设计，人工操作
MK38 Mod2 型	双路供弹，2005年开始服役

MK38型舰炮开火瞬间

服役记录

目前，美国海军中有 9 艘舰艇已装备了 MK38 型舰炮，并表现出了极佳的综合性能。该舰炮的升级工作已全部结束，全部采用现有舰炮的生产配置。

MK38 Mod2 型舰炮

10 秒速识

MK38 Mod1 型无炮位稳定装置，人工瞄准，MK38 Mod2 型共 3 人操作，1 人负责遥控，2 人负责供弹。

士兵正在使用 MK38 型舰炮

美国 127 毫米 MK45 型舰炮

MK45 型舰炮是美国设计的一种口径为 127 毫米的现代化的轻量舰炮系统。

研发历史

1964 年美国 FMC 公司北方军械部开始研发新型舰炮系统，用以取代当时重量大、自动化程度低、可靠性不高且不易维护的 MK42 舰炮系统。1977 年，美国 FMC 公司对 MK45 型舰炮进行了第一

基本参数	
口径	127 毫米
全长	9 米
炮管长	6.86 米
重量	21700 千克
最大射速	20 发 / 分
炮口初速	808 米 / 秒
有效射程	15 千米

次改进。改进后的 MK45 舰炮增加了自动选弹功能。MK45 型舰炮首次装备于美国海军"加利福尼亚"级巡洋舰（California-class），该舰炮并于 1974 年服役。MK45 型舰炮主要用于舰上导弹的后备武器，并预备实施对舰作战和对岸炮火支援。

MK45 型舰炮开火瞬间

武器构造

　　MK45 型舰炮装置分为甲板以上的上部结构和甲板以下的下部结构。上部结构又分成炮管、滑板构件、炮架、炮台、上部蓄压系统、炮塔及射击孔护板。下部结构由两部下扬弹机、弹鼓、引信测合机、上扬弹机及下部蓄压系统等部分组成。在火炮甲板下的舱室里安装有 EP1 配电柜、EP2 火炮操纵台和 EP3 显示器。

MK45 舰炮侧方特写

⭐ 性能解析

　　MK45舰炮能发射半主动激光制导炮弹来提高命中概率，并具有全天候自动选择6种弹药的能力，提高对付不同目标的应变速度。舰炮能够发射7种不同的炮弹。在执行任务时，MK45舰炮可将炮弹、引信和装药配成各种组合。如果任务改变，组合可透过舰炮控制面板上的功能开关予以变换，在提升机装弹位置上的显示板也标有待装的弹种指令。由于自动弹药装填器的上限为20发，持续射击模式时需由三人炮班负责操作，以保持弹药装填器处于满载状态；20发以内的全自动非持续射击模式射击时可完全由计算机操作，在连射时将由下方的提升子弹库补充弹药。

MK45舰炮侧方特写

⭐ 衍生型号

型　号	特　点
MK45 Mod 0	使用机械式信管设定器
MK45 Mod 1	使用机械／电子两用式信管设定器
MK45 Mod 2	使用固态逻辑电路和放大器取代延时逻辑电路
MK45 Mod 4	炮管长度从原来的54倍加长到62倍

MK45 Mod 4

服役记录

自 1974 年服役之后，美国海军各级水面舰艇，如"史普鲁恩斯"级驱逐舰（Spruance-class）、"塔拉瓦"级两栖突击舰（Tarawa-class）都配装了 MK45 型舰炮。

MK45 舰炮后侧方特写

10 秒速识

MK 45 的炮管有 MK19 Mod0 型和 MK19 Mod2 型两种，其中前者为可拆换衬管设计，后者则为单筒式结构。炮塔由丁字梁增强型的铝制材料制成，炮架支承着炮耳、上部蓄压系统、滑板系统和炮塔等上部主要结构，射击孔护板为可动式。

装备美国海军的 MK45 舰炮

德国 27 毫米 MLG 27 遥控舰炮

MLG 27 是由莱茵金属公司以 BK–27 机炮为蓝本研制与生产的一款遥控转膛舰载机炮。

研发历史

MLG 27 遥控舰炮的存在取代了德国海军现有的 20 毫米和 40 毫米口径机炮，并成为其第一种 27 毫米口径机炮。自 2003 年，德国海军采用 MLG 27 以来，

基本参数	
口径	27 毫米
重量	850 千克
操作人数	1 人
最大射速	1700 发／分
炮口初速	1100 米／秒
有效射程	2 千米以上

也受到莱茵金属公司易碎脱壳穿甲弹（FAPDS）弹药的发展影响。

MLG 27 遥控舰炮后方特写

武器构造

MLG 27 为电动和遥控操作炮塔。激光测距仪可作手动和自动的距离测量。

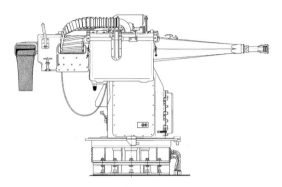

MLG 27 遥控舰炮示意图

性能解析

MLG 27 搭载了 1 门转膛机构的 BK–27 机炮，可作为打击无装甲或轻装甲的海上目标、飞机、导弹，甚至地面目标的轻型火炮。该舰载机炮的一个设计优点，就是因为不需要"甲板穿透"（在甲板下方需要适量的安装空间），所以可以轻易地整合到现有的战舰以上（比如直接焊接在甲板的任何部位并且像插件一样使用）。

MLG 27 遥控舰炮前侧方特写

|||||> 服役记录

　　MLG 27 舰炮可在德国海军的几乎所有主要舰艇，比如"不来梅"级（F122）、"勃兰登堡"级（F123）和"萨克森"级（F124）、"布伦瑞克"级（K130）轻型护卫舰和"柏林"级（K702）综合补给舰以上找到。

|||||> 10 秒速识

　　MLG 27 舰炮内置了整个火控系统，弹药存储在机炮右侧的弹箱以内，借由弹链以柔性输弹槽供弹。

MLG 27 舰炮后方特写

苏联 130 毫米 AK-130 舰炮

AK-130 多用途双管舰炮是苏联于 20 世纪 70 年代研制的海军武器。

▰▰▶ 研发历史

AK-130 舰炮的研发计划始于 1976 年 6 月，由位于圣彼得堡的阿美第斯特设计局和弗伦泽军火设计局共同设计制造。

基本参数	
口径	130 毫米
重量	35000 千克
最大射速	70 发／分
炮口初速	850 米／秒
有效射程	29.5 千米

正在开火的 AK-130 舰炮

武器构造

　　AK-130 舰炮为了安装两部垂直扬弹通道，使舰体甲板开口直径达到了 2.6 米，因此基座滚动座环增大，炮塔球形外径达 6 米，高 4.7 米，使雷达发射面积达 28 平方米，隐形效果差。为了稳定高射速时双联装身管的刚度和速射精度，不得不降低口径倍数，使身管缩短了 520 毫米，带来性能指标初速降低了 100 米/秒，有效射程损失 5 千米。由于炮塔内设有炮位瞄准战位，炮座体积和质量都很大，因此不可避免地使旋回部分转动惯量增大，方位瞄准加速度上不去，因此影响到了快速反应能力。该炮采用钢铁铸成的炮底使其重量极大，安装质量达 94 吨，基座以下部分占据了两层舱室，分别是电缆动力舱和 3 个圆形弹架组成的转运间舱。再向下则是弹药舱，有提升机将弹药补充到圆形弹架上。

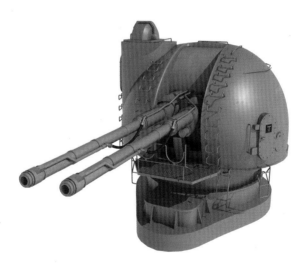

AK-130 舰炮示意图

性能解析

　　AK-130 型舰炮配备了炮瞄雷达、红外和光学火控系统，即使在强烈的干扰或舰队、电子系统战损的情况下，还可用炮塔右上方的光电瞄准装置进行半自动自主控制，以保持战斗力。该炮具有极高的射击精度和很高的可靠性、生命力。它的射速高达 70 发 / 分，在对岸打击时可以提供持续的猛烈火力支持，相比之下，同口径的地面火炮持续射速不过 2 ~ 3 发 / 分。在执行对岸火力支援任务时，1 门这样的舰炮便可抵得上 1 个炮兵营的地面火炮。

AK-130 舰炮前侧方特写

10 秒速识

AK-130 型舰炮的运转间由 3 个圆形弹架组成，每个弹架上有 60 发炮弹，共有备用弹 180 发。在每个圆形弹架上，沿圆周排列 10 组弹，每组 6 发。

AK-130 舰炮侧方特写

苏联 30 毫米 AK-630 舰炮

AK-630 是苏联研制的全自动海军舰载六管 30 毫米加特林机炮。

研发历史

AK-630 是俄国于 20 世纪 60 年代开始研发的舰载近程防御武器系统（CIWS），1964 年开始正式生产，主要是为打击反舰导弹而设计，目前普遍安装于俄国俄罗斯各式船舰上。

基本参数	
口径	30 毫米
全长	1.63 米
炮管长	1.62 米
重量	1850 千克
最大射速	5000 发 / 分
炮口初速	900 米 / 秒
有效射程	4 千米

正在开火的 AK-630 舰炮

ⅢⅢⅢ▷ 武器构造

　　AK-630 舰炮由 1 门 AO-18 六管 30 毫米机炮、MR-123-02 火控雷达系统、SP-521 电子光学追踪器组成。 MP-123 火控雷达系统可以同时控制两组 AK-630（俄国舰艇通常每舰安装 2-6 组 AK-630），追踪 4 千米以外的空中目标或是 5 千米以外的海上目标。P-521 电子光学追踪器可以于 7 千米之外侦测到类似米格 -21 大小的空中目标或是 70 千米以外类似鱼雷艇大小的海上目标。

AK-630 舰炮炮口特写

ⅢⅢⅢ▷ 性能解析

　　AK-630 舰炮是世界上第一款多管式近防系统, 主要是为打击水面舰艇、空防以及两栖登陆岸轰支援以及扫雷等多元目标。

AK-630 舰炮前方特写

10 秒速识

　　AK–630 舰炮安装在雷达、闭路电视导控的全自动封闭式炮塔内，AK–630 是全自动电脑操作机炮，也可以由炮手遥控操作。

展览中的 AK-630 舰炮

意大利奥托梅莱拉 76 毫米舰炮

奥托梅莱拉 76 毫米舰炮是意大利奥托梅莱拉公司研制生产的一款海军舰炮。

研发历史

意大利奥托梅莱拉 (OTO MELARA) 公司于 20 世纪 80 年代初开始改进了它的 76 毫米紧凑型舰炮，改进重点是提高发射速率和精度，要求发射速度达到了 120 发 / 分，故此称为速射型。在 1984

基本参数	
口径	76 毫米
全长	7.28 米
炮管长	4.72 米
重量	7500 千克
最大射速	120 发 / 分
炮口初速	925 米 / 秒
有效射程	9 千米

年莫斯塔尔 (Mostar) 海军展览会上，首次展出了该型舰炮样机。从 1985 年开始，快速型舰炮进行了陆上试验，1988 年 4 月在意大利海军"勇敢"(Artito) 号导弹驱逐舰上进行了海上试验。

奥托梅莱拉 76 毫米舰炮侧方特写

▎▎▷ 武器构造

　　奥托梅莱拉 76 毫米舰炮有紧凑型、快速型和超速型三种，结构基本相同，其主要部件可以互换。俯仰机构包括有反后座装置，它通过 2 个驻退机和 1 个复进机与摇架相连。盘式输弹机包括输弹器和抛壳筒，通过 1 个滑块联动装置与反后座装置相联。鼓形旋转进弹机由液压传动装置予以控制，它接收摆弹臂送来的炮弹，并将它们送至进弹机。

奥托梅莱拉 76 毫米舰炮后侧方特写

▎▎▷ 性能解析

　　奥托梅莱拉 76 毫米舰炮采用全自动电脑操作，也可以由炮手遥控操作，可作为近距反导弹、空防、打击水面舰艇以及岸轰支援等多元目标使用。由于在设计时已考虑小型舰艇安装的要素，因此重量与后坐力控制在护卫舰或是巡逻艇大小的小型舰艇可承受的范围，加上冷战时期主要国家并未开发出适合的防空用快炮，因此奥托梅莱拉 76 毫米舰炮成为西方世界船舰防空火炮的唯一选择。

正在开火的奥托梅莱拉 76 毫米舰炮

服役记录

为适应现代船舰对于隐身性的需求，21世纪奥托梅莱拉76毫米舰炮推出了采用隐身炮塔构型的改良版，于新加坡海军的可畏级驱逐舰上使用。其他使用奥托梅莱拉76毫米舰炮的国家还有意大利、美国、法国、德国等。

奥托梅莱拉76毫米舰炮特写

10 秒速识

奥托梅莱拉76毫米舰炮炮管前端装有炮口制动器，炮管上还装有炮膛清洁器和冷却水套，炮管冷却方式为敞开式，炮塔采用玻璃纤维材料，弹鼓内，炮弹呈直立摆放于四周。

奥托梅莱拉76毫米舰炮上方视角

参 考 文 献

[1] 铁血图文. 世界经典火炮TOP10 [M]. 北京：人民邮电出版社，2015.

[2] 汉斯·哈伯斯塔特. 陆战之神——火炮 [M]. 北京：中国市场出版社，2010.

[3] 铁血工作室. 地狱使者：火炮 [M]. 北京：人民邮电出版社，2013.
.